ruines-de-Rome

Du même auteur

Veuves au maquillage
Verticales, 2000
Seuil, « Points », n° P 941, 2002

pierre senges

ruines-de-Rome

roman

verticales

Publié avec le concours du Centre national du livre

© Éditions Verticales / Le Seuil, janvier 2002
ISBN 2-84335-107-3

[patience]

Ils pourront l'attendre longtemps cet arbre dont les feuilles soignent toutes les blessures et les fruits mûrissent à longueur d'année (chaque mois une récolte tombe comme, toutes rôties, des cailles venues du ciel). L'incrédule, sur ses gardes, se méfie, lui, des prophéties et de tous leurs alléluias ; redoute par avance les avenirs souriants : il sait ou il devine que l'évocation d'un âge d'or révolu, la promesse de cocagnes futures sont les garants d'un présent désolé, ou dérisoire (un aujourd'hui constitué uniquement de nèfles et de raisins verts – drastique, amer).

Croire aux oracles trompe l'ennui – aide à trouver le sommeil.

[sésame]

Je n'ai pas tant besoin d'avenir que de prophéties, et je préfère encore les mensonges aux véritables oracles. Soyez-en sûrs (je m'adresse ici à des curieux venus fouiller mon intimité, à tous ceux qui s'interrogent sur mon injustifiable assiduité :

la fréquentation des diseuses de bonne aventure), je n'irais jamais frayer avec les sibylles de foires si je pensais tirer de leurs bouches des prédictions pertinentes ou si je savais trouver dans leurs tarots le programme exact de ma vie – de même, je n'irais pas solliciter les filles publiques si je n'étais pas certain de leur hypocrisie, si j'apprenais par hasard qu'au lieu d'un savoir-faire chiche, d'un tour de main et d'orgasme feint (seul le sommier grince pour de bon), les filles m'offraient tout leur amour et sacrifiaient leurs vies (leur commerce) pour mes beaux yeux. Je fréquente les voyantes au nom précisément de leur charlatanerie accompagnée de napperons et de franges, de marc et de regards sombres, soulignés jusqu'aux joues, hérités des augures ; je suis devenu l'habitué des roulottes et des boutiques obscures pour y éprouver régulièrement le sentiment d'être trompé, et en tant que client me faire complice de ce vol généreux ; je m'y rends pour connaître une fois de plus sous quelle forme s'exprimera le mensonge, quels ballets de mains et de cartes inspirent la mystification, à quels dieux zoomorphes ou quels miroirs orphiques se vouent les nécromanciennes, à quels arcanes elles s'accrochent, et quels au-delà elles trahissent en manipulant des bibelots de brocante – si je les fréquente c'est pour apprendre d'elles de quelles dynasties de l'Indus ou d'Égypte elles se recommandent, quelle Cléopâtre cite leurs mensonges, quels ectoplasmes et quels théosophes ils invoquent, comme autant de références accablantes.

Malgré tout : je les fréquente pour le plaisir d'entendre mon avenir chanté sous la forme d'un destin, d'une fatalité, et chacun de mes jours sous celle d'un avènement ; je leur rends visite avec une fidélité macabre, maladive, insatiable, pour convertir en signes chacun de mes accidents, et placer chacun de mes gestes sous l'influence des astres, des cartes ou d'une harmonie céleste ; je préfère savoir mon présent soumis aux comètes ou à des morts sans sépulture, et mon avenir livré à des champs magnétiques, je préfère entendre mon passé deviné grossièrement plutôt que tombé dans l'oubli ou objet des rumeurs ; et j'accepte sans honte de voir mon intimité révélée par des augures, comme si seule une extralucide pouvait deviner ma misère secrète – je remercie les voyantes de donner de la valeur à mon maigre quotidien par la seule grâce de leurs divinations.

[langue-du-diable]

Ce que j'attends d'elles : non pas des oracles, mais de fausses prophéties, des promesses ou des menaces débarrassées du souci de réalisme, des prophéties de pacotille, et clandestines, comme vendues sous le manteau. Je ne demande pas de la pertinence, ni des sentences justifiées, encore moins des diagnostics, ou un sens de l'observation, je n'exige pas l'infâme vraisemblance des prévisionnistes – mais de la fantaisie : une fantaisie étrangère à l'absurde mais pas aux bestiaires, étrangère au rêve mais pas à l'ironie, une fantaisie hostile aux fêtes foraines et aux galeries des phénomènes dans lesquelles pourtant, paradoxalement, elle semble prendre sa source. J'attends d'elles ces erreurs préférables aux vérités pondérées, que chacun de nous (la voyante, son client : l'un bernant l'autre, tous deux unis autour d'un même recel) prendra pour de l'invention, ou une licence, de quoi se tenir hors du rang du véridique ou pire, du prévisible. Fantaisie, erreur, maladresse – et, d'une certaine manière, tromperie volontaire, escroquerie tempérée par les circonstances, et par le consentement du client, venu pour ça.

Le vrai client d'une voyante ne refuse pas ses contradictions, il compte sur elles, bien au contraire : voilà pourquoi il lui faut devenir un habitué, faire de ses visites une manie, se résoudre à l'accoutumance.

[langue-de-vieille-femme]

Dans les foires, les fêtes foraines : quand les voyantes se sont épuisées, taries (mais sont-elles tarissables ? ont-elles épuisé toutes les combinaisons de leurs tarots et l'élan de leurs pendules ? vont-elles se prétendre abandonnées par leurs esprits comme par des amants attirés vers d'autres jeunesses ?), quand je suis devenu indésirable, chassé par toutes, quand elles m'ont refusé l'aumône d'une dernière prophétie, je me suis résolu (penaud mais fanfaron) à demander la bonne aventure auprès de la femme à barbe, puis de la femme serpent, puis du nègre de bois contre qui les badauds peuvent mesurer leurs forces (mon poing suscite son oracle) – enfin, auprès des squelettes en plastique et des chiffons agités au passage des wagons, à l'intérieur du train fantôme, où tout pénètre sauf la peur.

Tournant le dos aux foires, aux baraques, aux rideaux des Gitanes, refusant par principe de m'adresser à des visionnaires modernisés (ils tirent leurs oracles d'une radiographie), je me suis contenté de puiser par moi-même, dans des livres ouverts au hasard, des présages et des divinations : tout Jules Verne me servait de Yi-king. Il fallait pourtant me résigner à ne pas trouver là-dedans l'à-peu-près ou l'imposture qui faisaient le charme des voyantes : un amateurisme, une nécromancie dilettante, que seul a pu m'apporter par la suite, sans qu'il le sache vraiment, mon plus proche voisin.

[bonhomme]
À côté de chez moi loge un couple de retraités dont le mâle à heure fixe sort de son habitat pour me rendre visite. Il m'a fallu l'accueillir une première fois, sans doute au nom de l'hospitalité (ou d'une solidarité que partagent deux inconnus réunis par un mur mitoyen), je dois depuis ouvrir régulièrement la porte à ce maigre compagnon, sans jamais déroger à la coutume : une première occasion faisant jurisprudence et l'habitude devenant loi tacite. Il est entendu que ses visites, nos conversations rares, clairsemées, notre jeu de cartes corné à ses quatre angles et nos gâteaux sablés trempés dans du thé refroidi, sont une institution : pour moi un devoir, pour lui, un moment de sa vie végétative, au même titre que le sommeil ou l'alimentation.

Il vient à l'heure de l'angélus, se présente à ma porte avec indifférence, comme s'il venait toucher son terme, ou remettre le sien – à table (celle de la cuisine, débarrassée de la cafetière et couverte d'une toile cirée encore un peu fraîche – tercée en pal, azur et sinople ou bien, puisqu'il faut parfois en changer, équipollée sable et gueule), à table il tombe la veste, l'accroche au dossier d'une chaise qu'il a faite sienne, comme au *Croissant* Jaurès avait sa banquette, sort d'une poche un paquet de cartes, étale ses figures, les range par couleurs

(délavées : on les distingue par habitude), les bat frénétique-
ment pour reconstituer à mains nues un semblant de hasard,
d'égalité des chances – puis sans me regarder entame son
grand chelem.

[fausse camomille]

Contre son jeu de cartes, pour que le troc soit équitable,
j'offre au gré des saisons le thé, le café ou la liqueur – toujours dans la même tasse : de la vaisselle rescapée de trois héri-
tages et davantage de déménagements, adaptée à mon voisin,
il me semble, ou du moins à son appendice nasal, comme le
calice des orchidées s'accorde à la taille des trompes de certains
papillons.

Du thé et des biscuits : biscuits de la veille, ou de l'avant-
veille, ou d'avant celle-là, biscuits resservis, inchangés, tous
similaires et rendus plus indistincts encore par l'usure rame-
nant chaque petit four à la forme première de galette ronde,
d'hostie laïque. (Ces biscuits : il me faudrait insister sur leur
forme, leur parfum ou l'absence de parfum, évoquer les
semaines passées de biscuits en biscuits comme de jours
semblables en jours semblables – puis évoquer mon voisin,
plus précisément sa figure, arrondie par le temps, sans cesse
recommencée comme ces gâteaux chaque fois remis sur le
tapis : d'une forme prévisible et neutre.)

[renoncule scélérate]

Toutes ses cartes abîmées : de telle sorte que chaque figure
semble être marquée au dos d'une façon singulière, pour la
fraude ; et mon voisin sait, j'en suis persuadé, reconnaître
chacune d'elle d'après ses déchirures.

[trèfle tronqué]

Il étale son jeu, ses Horace, ses Ogier et ses Arthur, mâchonne un crayon noir avec un air comptable, entame invariablement une partie de tarot ou de belote dont je n'ai jamais su les règles, passe par-dessus mon ignorance, parfaitement conscient, au fond, de n'avoir sous la main qu'un partenaire ignare, dépourvu de la concentration nécessaire au jeu, et de ce mélange de sérieux et de puérilité qu'exige toute compétition. Il joue avec ou contre moi (moi : pantin muet, automate sans esprit d'initiative), accepte mes erreurs, mes gestes gratuits, mes cartes déposées sans motif, ni même tricherie ; passe sur mes manches vides, mon air ailleurs ; supporte mon regard absent, jamais au jeu, au-dessus des cartes ou trop en dessous, mon manque d'intérêt, d'amour ou de reconnaissance envers les dames et les rois alignés sur le torchon qui nous sert de tapis vert – il accepte même de me voir compter, recompter, les trèfles sur mon bout de carton quand j'essaie d'estimer la valeur de ma main. Il se résigne à affronter un mime dont la seule réponse, la seule réplique, est de laisser tomber ses cartes, l'une après l'autre, avec pour dernière ambition de s'en débarrasser au plus vite ; il se résigne à me voir jouer sans jouer, par simple désir de ne pas froisser l'hôte ; proclame avec scrupule les scores, les atouts, les enjeux ; fait avec conscience et probablement honnêteté les annonces nécessaires au bon déroulement des tournois – annonces hermétiques auxquelles je réponds par un grognement situé à égale distance entre le oui et le non, un espéranto lâche valant pour tous les cas. Lui, par bonté, par pitié peut-être ou parce qu'il y

13

trouve son compte, persiste à me choisir pour partenaire – et si je pouvais lui servir de reflet respectueux, fidèle, très discret, il essaierait face à moi les grimaces et les pitreries qu'on réserve ordinairement à son miroir.

Lorsque mes maladresses sont flagrantes (si mon absence se prolonge), si mes réponses tardent, si mes fausses donnes ne parviennent plus à faire illusion, si mes erreurs échouent à s'inscrire dans l'univers des coups permis, quand mes cartes jetées au hasard sont irrécupérables, alors mon voisin, sans un reproche, détourne mon attention vers la théière, ou la fenêtre, et insensiblement, sans modifier ses gestes ni leur allure, transforme sa canasta ou sa belote en réussite, en patience – plus rarement, s'il lui prend l'envie de bavarder et si je me montre coopérant, pour le seul plaisir de s'entendre parler, alors la réussite, la patience, à leur tour, se métamorphosent en voyance, en prophéties peu convaincantes tirées des arcanes du tarot.

[trèfle renversé]

Faire d'une belote une réussite : il suffit d'attendre que les adversaires, les compagnons de jeu, fassent défaut, que le dernier joueur s'incline et déclare forfait (faute d'énergie : la belote devenant au fil des heures, et grâce à la fatigue, un succédané de poker viril, héroïque, joué six coups sur table), il suffit d'attendre que tous les autres s'endorment, vaincus par l'ennui, puis de coucher les cartes, figures contre le tapis, les retourner ensuite une à une pour mesurer sa chance. Faire d'une réussite une séance de cartomancie revient à remplacer le jeu par la morgue, le hasard par le destin et le passe-temps par la fatalité.

Les tournois suivis par des patiences, puis les patiences par des prophéties aux allures de charades : la nuit s'amorce ainsi, de façon hésitante. (Même si je m'ennuie souvent, j'apprécie malgré tout de voir mon vieux voisin, maigre adversaire, remplacer comme il peut les voyantes de foire ; ses divinations se font dans un murmure, et un dialecte franco-provençal ou rouergat, ou peut-être gallo, que je n'ai jamais pu saisir – peu m'importe : ses grommelots sont une modeste réponse à ma soif d'oracles.)

[bonne-dame]

À onze heures presque précises, la voisine sonne le rappel, sans quitter son domaine (la cuisine ou la hotte, sous laquelle il lui arrive parfois de chanter à tue-tête) ; mon adversaire compte ses points, plie son tapis et traverse le couloir : une telle régularité, cette précision de sensitive, cette retraite ponctuelle passant pour un retour au bercail, m'ont fait donner à cette femme sédentaire le nom de dame-d'onze-heures. Avec le temps, et la familiarité, la dame-d'onze-heures serait devenue d'onzelle – de quoi aussi la rajeunir, par amitié.

Mon adversaire parti, je me retrouve en face d'une chaise vide et d'une tasse de café froid. Pour tromper la solitude, pour faire suivre les jeux de l'esprit d'un maigre effort physique, je sors me promener en donnant des coups de pied, faute de chats, dans des pierres.

[herbe-au-bitume]

J'habite une rue grise qui menait deux siècles auparavant à des carrières de gypse – on en tirait le plâtre dont étaient faits nos rêves, nos immeubles et nos caves, un plâtre qui compose encore l'essentiel de mon petit appartement : blanc comme craie, fragile comme l'emplâtre des eczémas ou le masque d'argile que certains troisièmes âges s'appliquent sur le visage (afin d'attribuer leur vieillesse à ses écailles). Dans les environs : une tour de treize étages, une caserne réhabilitée, les vestiges de ce qui semble être une ancienne ligne de tramway, l'ébauche de ses rails, le long mur d'un couvent reconverti en administration (on y enferme des contractuels derrière des vitres percées, pour prononcer le droit à travers l'hygiaphone). Plus loin : une laverie automatique où des femmes en boubou tentent de reconstituer la convivialité supposée des lavoirs de village.

Autour de moi des rues où se perdent mes promenades, des immeubles habités, si j'en crois les lumières, par des inconnus (mes semblables) dont je n'ai pu deviner (les soirs où j'ai relevé la tête) que l'ombre projetée contre les rideaux – (des célibataires, comme moi, collectionnant les pantoufles comme d'autres les maîtresses, battant leurs paillassons comme si c'étaient des tapis à rafraîchir au printemps).

Plus près de mon appartement encore, sur mon propre palier, ce couple dépareillé qui se nourrit essentiellement de soupes et de feuilles d'artichauts (lui, maigre comme l'idée que je me fais d'un croque-mort, ou des longs clous utilisés pour son office – quant à elle, sa silhouette évoque certains nus de Rubens : le même rose, les mêmes plis au ventre où se perd le nombril).

[**pavot somnifère**]

Revenu de ronde (en général je ne croise, comme on dit,

âme qui vive, sinon celle d'un ivrogne) : je fais couler un bain, je le vide aussitôt, je remplis la théière, je la verse dans l'évier, je me réchauffe un bouillon – on fait durer ces jeux jusqu'à trouver le sommeil.

[berce panacée]

L'esprit mal informé attribue l'insomnie au souci, aux pensées, et même au mouron – qui est une stellaire, de la famille des caryophyllacées (au même titre que l'œillet, la silène) –, cherche à s'endormir à l'aide de lait tiède, d'infusions ou de tisanes en sachets ; regrette vers l'aube d'avoir voué son âme ou son corps à la lecture, d'avoir cherché l'apaisement dans un livre ouvert, toujours à la même page – il semble ignorer qu'au contraire le souci régule les humeurs, fluidifie le sang, fait tomber la tension et, par-dessus le marché, sert d'anti-inflammatoire (d'après certains Grecs, regarder une fleur de souci suffit pour éclairer l'esprit) ; il semble ne pas savoir que la pensée sauvage calme la colère, que la guigne tranquillise et le mouron assomme un cheval. (S'il veut se tenir éveillé, l'homme sujet à la somnolence aura tout avantage à mâcher de la réglisse ou du fumeterre, qu'il coupera de beurre comme les épinards ; l'insomniaque se tournera plutôt vers la passiflore et le millepertuis ; s'il cauchemarde – personne n'est jamais satisfait de son sort –, il fera confiance au ginseng, toujours bon à prendre, au tilleul ou à l'aubépine. Au réveil, rien ne remplace le café, pas même l'ortie ou les cataplasmes de moutarde.)

Pour tuer le temps, minuit passé, les ruses de salle de bains ou de cuisine, les repas inachevés, les longues hésitations ou les livres sus par cœur ne suffisent plus. Longtemps les heures menant jusqu'au premier sommeil m'ont paru lambiner, jusqu'à me rendre amorphe – désormais certaines manœuvres m'accaparent au point de m'obliger à voler des minutes sur mon temps de sommeil, ou de travail, et je rends grâce aux nuits pour le temps libre qu'elles m'offrent : chaque soir est consacré à mon pieux jardinage, ou à l'étude d'une Bible que je lis en dépit du bon sens.

[jouet-du-vent]

Comment je suis devenu jardinier ? Je ne saurai jamais (au fond, cela n'a pas d'importance) si c'est la solitude, la défiance qui l'accompagne, ou la bonne aventure, les fausses prophéties, l'ennui éprouvé en face d'un jeu de cartes ou les promenades mélancoliques conduisant jusqu'à des crassiers, qui m'ont amené à imaginer, comme d'autres rêvent d'accouplements, diverses formes de séditions – (je parle d'un temps où ma rancœur encore infantile, adolescente, confondait révolte et apocalypse – il est vrai que, par ruse, j'ai longtemps cultivé l'ambiguïté).

[populage des marais]

J'ai pensé un moment lever dans mon quartier une armée d'endormis, tirer des insoumis de leurs draps et profiter de cet air hébété qu'ils auraient au saut du lit pour effrayer le bourgeois, profiter de leurs cheveux en bataille pour leur donner une silhouette de spectres suscités à force de tables tournantes, profiter de leur pâleur pour faire de mes voisins, certainement inoffensifs, des lémures revenus d'entre les morts afin d'exprimer leurs doléances sous forme de mélopées, de monodie. De leurs bonnets de nuit, s'ils existaient encore, je ferais des coiffes phrygiennes, sans y apporter aucune retouche.

Le chef de troupe qui sommeille en moi, harnaché à la Don Quichotte, muni d'une rondache et d'un appel à la mobilisation générale, a finalement renoncé à recruter son infanterie auprès de ses plus proches voisins, renonce même à entraîner à sa suite, à la façon des rats du joueur de flûte ou des enfants de la cinquième croisade, une meute tirée de sa grasse matinée ou dérangée en pleine sieste : une troupe de pères tranquilles, de locataires, des révoltés bougons qui rechignent, marchent à regret, traînent la patte, se résignent, des flibustiers dérogeant à leur programme du dimanche, entraînés en colonne pour des processions accomplies sans panache, avec une mauvaise humeur et une colère contenue de contribuables contrariés. À cause de cette humeur maussade, à cause de cette résignation, de la paresse peut-être, à cause de ce pas dépourvu d'entrain (avec aigreur, sans fougue), les mutins s'avéreraient beaucoup plus dangereux qu'un régiment de lycéens levé sur un coup de tête. Terrible et redoutable, mon armée en pyjamas, en survêtements, en décoiffés ou en peignoirs : les ministres ou les marchands de bien auraient observé cette marche avec l'effroi que suscite, non pas un raz-de-marée, mais une crue lente, la montée progressive d'eau dormante, aux chevilles d'abord ensuite au menton, l'inondation que personne ne remarque sauf quand il est trop tard et que tout, portefeuilles, sièges, secrétaires, flotte dans une même couleur vert-bleu.

19

[campanule-carillon]

Alors pourquoi ne pas réveiller les morts? : les enrôler, m'en faire une bande de chenapans, dont je serais le chef (celui que coiffe le plus vaste chapeau), pour aller sonner les cloches, à toute volée, mêlant glas et tocsin, et jouer les rabat-joie.

[herbe-au-pauvre-homme]

Cependant, quelles que soient mes ambitions, mes rêves de sédition ou d'apocalypse sans cesse reportés au lendemain, je ne fais rien – et je reste seul : je suis le chef d'une troupe sans troupe. Peut-on croire à des révoltes menées dans la solitude? – pas seulement en solitaire mais pire, en esseulé? peut-on croire à des foules d'un seul homme, des longues marches sans rien ni personne, un meneur abandonné de tous? Un cocktail Molotov, entre les mains d'une bande, est un flambeau apache, une arme rustique mais menaçante – dans les mains du solitaire, un cocktail Molotov n'est qu'une bougie d'anniversaire (le sien : la fête que tout le monde néglige) ou une lampe à huile mal fichue, vite épuisée, au mieux une crêpe flambée qui se donne en spectacle. On n'a jamais vu de foules soulevées ni représentées par des solitaires dans mon genre, célibataire toutes les nuits que Dieu fait (Il donne et Il reprend), célibataire que les chats finissent par quitter l'un après l'autre comme les chèvres de Seguin – (j'ai même renoncé à l'achat d'un poisson rouge de peur qu'il ne devienne, à mon contact, neurasthénique ou de peur d'avoir à lui envier son bocal, son caillou, sa fausse algue et la paix qui règne dans un litre et demi d'eau).

Seul, tout de même, je me suis cru par moments capable de descendre dans la rue, me poster au carrefour afin de provoquer, sans bouger, des embouteillages – ou capable de me pencher à la fenêtre, rouler un journal, m'en faire un porte-voix, fomenter une révolte de cailloux et d'injures.

[flûteau, miroir-de-Vénus]

Je croyais les séditions préférables à l'apocalypse : pour faire tomber des marionnettes, j'ai envisagé de provoquer un soulèvement de lance-pierres : j'imaginais me remplir les poches de galets, non pas pour marquer mon chemin, et ne pas le perdre, mais pour les lancer dans les soupières ; je me sentais prêt à défaire pierre à pierre ma propre maison pour livrer, en tas, des gravats au peuple – des cairns en pleine ville où pourraient se servir des gamins turbulents.

Soit me faire joueur de flûte : mais remplacer le flageolet par un hélicon et charmer, au lieu des souriceaux (ou des enfants – les saints innocents de Hamelin) un ban de cochons qui suivent en grognant, le groin à ras de terre. Soit rejouer la journée des tuiles : faire monter sur des toits des hommes fatigués ou des femmes brûlant le torchon, les faire tenir debout, demander à des couvreurs les rudiments de l'équi-libre et, de là-haut, en prenant les antennes pour appui, lancer des tuiles sur toutes les milices envisageables – (s'ils tombent, mal assurés, les insurgés choisiront une mort héroïque et viseront, comme point de chute, un garde mobile – perdre l'équilibre, c'est commettre l'irréparable). Soit une révolte de coquets et de midinettes, toutes beautés confon-dues : des précieuses, des grisettes et des dames du monde,

21

une poignée de bellâtres, d'anciennes esthéticiennes ou des ayants droit vivant de leurs mémoires – j'improviserais avec eux une révolte imprévisible, prenant de court tous les futurologues experts en psychologie des foules : une fronde élégante, une offensive sagement menée, adoptant comme modèle les miroirs d'Archimède orientés pour éblouir l'armée voguant sur Syracuse : que demain les vieux beaux et les dames, les filles tirées des magazines et les actrices de l'ancien temps munies d'autant de renards que d'imprésarios, descendent dans la rue, laissant à la maison leurs hommes, leurs épouses, leurs sigisbées, profitent d'un jour de plein soleil, et brandissent les miroirs qu'elles auront sous la main – plateau d'argent, miroir de poche, psyché ovale, grandes glaces de boudoir – se rassemblent sur une même place, et concentrent leurs reflets sur nos concitoyens. (Une façon d'improviser des bûchers, ou de faire sentir le feu des enfers à venir.)

[pomme reinette clochard]

Quincailliers, brocanteurs, fouineurs de vieux papiers (déjà armés d'une pique) : je pourrais aussi mener une fronde de chiffonniers, pour peu qu'ils se montrent âpres au gain, pour peu que je les intéresse avec des petits salaires ou un pourcentage (qu'ils puisent dans le butin, à même nos prises de guerre) : je les mènerais au pillage sous prétexte de vider les greniers, d'œuvrer pour un recyclage écologique et moral ; les vandales sauront faire place nette, leurs razzias auront pour motifs la réhabilitation des déchets ou la redistribution des biens.

[faux-pied-d'oiseau, loiseleurie couchée]

Si tout cela échoue, je demanderai aux convoyeurs, à tous les clubs colombophiles, de faire voler leurs pigeons sur la ville, d'obscurcir le ciel, remplacer les invasions de sauterelles ou les tempêtes de sable par un vol serré d'oiseaux bien nourris – pour tout message, ces pigeons voyageurs, comme l'esprit qui vole, laisseront choir leur mépris, noieront la ville sous leur engrais – le guano tombera comme la cire sur un pacte à sceller (un avis d'expulsion), comme les larmes du *lacrimosa* ou l'averse de cendre lors du *dies irae*.

Je jalouse ces vieux citadins qui distribuent clandestinement du pain rassis, à la volée, puis s'éclipsent en douceur, avec une démarche de braconniers, de contrebande. Parfois l'envie me prend d'aller trouver ces vieillards, maîtres d'une compagnie de pigeons (ces oiseaux toujours au sol, jamais au brassard, et vétilleux, presque tire-au-flanc, leur servent de vautour, d'épervier : des rapaces atrophiés qui ont signé d'un trait blanc-bleu un pacte les liant aux paillassons, aux chats de gouttières, aux caniveaux) : j'apprendrais leurs secrets, quitte à les susciter, tisonner leurs mémoires comme on le fait d'une vieille pour dénicher son magot. J'aimerais connaître leur but, l'étendue de leur armée, la date des grands raids, le ton de leurs ultimatums ; je voudrais savoir s'ils comptent fondre sur la ville comme une pluie d'étoiles après l'ouverture du sixième sceau.

[angélique sauvage, centaurée à perruque]

À force de me confronter à l'incohérence de mes rêves, j'ai pu me rendre compte que la forme de mes révoltes, peuplées des monstres de Füssli, s'inspire des Fins du Monde et de l'Apocalypse, du Jugement dernier, plus que de Bakounine, du *Que Faire* ou de Malaparte. Sensible aux prophéties de Patmos et au bestiaire du Jardin des supplices, j'ai jugé préférable d'endosser l'aube des mauvais augures, d'agiter des spectres en même temps que des cloches : profiter par exemple d'une comète pour annoncer l'avènement du millenium.

Mais : le peuple ne croit plus aux grandes conjonctions, l'alignement des planètes ou la chute d'un météore n'inspirent plus son repentir ; la panique ne naît plus d'une éclipse ou d'une comète à queue double (fourchue – sabot du diable, bec de lièvre). Celui qui voudra organiser des émeutes (comme on mène le bal) devra plutôt puiser dans sa cagnotte pour s'offrir les services des danseuses du Lido, ou d'effeuilleuses venues de salles plus modestes, des catcheuses nues ou ces filles peu frileuses exerçant pour les caméras – il fera descendre ce beau monde dans la rue, déguisera si possible les strip-teaseuses en pénitentes de saint Lazare, les prostituées en visitandines, il demandera à toutes ces filles, devenues moniales le temps d'un vendredi noir, de se déshabiller en public et de feindre les souffrances de l'enfer, rejouer pour les témoins (les passants, leur audience) les convulsions de saint Médard, celles des anabaptistes à la veille du Jugement dernier – puis de jeter au feu leurs biens, d'exhorter le peuple à en faire autant, mettant le strip-tease sur le compte de la Fin des Temps, justifiant leurs nudités, hier encore luxurieuses, par le vœu de pauvreté, l'état de nature à quoi nous convient les derniers jours et le Christ ressuscité. Il se trouvera bien quelques convertis parmi les voyeurs.

[lis]

Des rêves révolus : tous ces projets ont été abandonnés, sans même subir l'épreuve de l'expérience (je sais pourtant me servir de la réalité comme d'une réfutation) ; je me suis naturellement tourné vers d'autres frondes, d'autres colères, d'autres augures et d'autres terrains, qui avaient le charme de la nouveauté, m'attiraient d'autant mieux qu'ils excitaient mon ignorance ; sans y prendre garde, je me suis voué à des sciences, ou des arts, pour lesquels j'étais le candide, le profane. Avec humilité, j'ai accepté, à mon âge, de refaire mes humanités, et reprendre les classiques là où, un demi-siècle plus tôt, je les avais abandonnés : puisque, au lieu de mazarinades, j'ai à mettre en scène des apocalypses (modestement ramenées à mon échelle, selon mes facultés), mes lectures se sont portées d'emblée sur l'ultime chapitre des Écritures.

[poire bon-chrétien]

Laïcard même le dimanche, et toute la Semaine sainte, je me suis surpris à consulter Jean de Patmos comme s'il était mon seul conseil ; j'ai lu mot à mot son Apocalypse : un manuel pratique à l'usage de ceux qui désirent anticiper, même de façon artisanale, la Fin des Temps.

Faute d'être moi-même l'un de ces devins, refusant d'ajouter à la longue liste des oracles mes propres élucubrations, j'ai préféré faire de moi l'humble régisseur des prophéties des autres – je les exécute avec amour et par respect envers les pères du désert, ou plus précisément envers celles de leurs prédictions que l'histoire prétend avoir démenties une fois pour toutes.

Au moment de repiquer une rose ou d'en compter les épines comme les flèches de Sébastien, au moment de gratter un sol nu pour y enfoncer des bulbes de tulipe avec la hargne d'un cantonnier, au moment de tailler un if pour lui donner la forme de la Bête ou d'une ombre menaçante, au moment d'éprouver la brûlure des gousses du *mucana pruriens*, le jardinier que je suis devenu se demande si la lecture de la Bible, prise par la fin, a inspiré son jardinage ou si, au contraire, son jardinage l'a conduit à éplucher les deux Testaments avec l'espoir de trouver dans ces pages un calendrier des semis, un éphéméride des récoltes ou quelques conseils aux profanes – comme si Jean de Patmos annonçait les rigueurs de l'hiver pour inciter ses semblables à rentrer leurs lauriers roses, comme si les allégories du Christ étaient des leçons de bouture et sa Résurrection une allusion au marcottage, comme si le Cantique était le bréviaire du verger et l'Ecclésiaste le catalogue de tout ce qui pousse sous le soleil. Incapable de choisir, je préfère supposer qu'un événement aléatoire, providentiel, a mis un terme à ce dilemme d'œuf et de poule.

[goutte-de-sang]

Tout commence par une pêche de vigne, rose au-dedans, grise dehors, mais très mûre, l'air d'avoir été roulée dans la poussière, d'en être ressortie sous cette forme, tassée, de guingois, et de cette couleur, entre fruit et souris. Manger une telle pêche debout, en marchant, sur le chemin du bureau, c'est courir le risque de la voir s'égoutter sur le gilet et de se présenter devant ses collègues avec une tache sur le col, que

les hommes sans imagination attribueront à du jaune d'œuf –
il faut plutôt mordre en s'inclinant, tendre le cou, faire en
sorte que le fruit coule au-delà des chaussures, au besoin tirer
les épaules, pencher le menton, rentrer les genoux, marcher
en dedans : c'est un fruit qui n'est pas fait pour les fiers.

Par désœuvrement (plus tard je dirai : pour remercier la
pêche, pour faire preuve à son égard d'une politesse animiste
imitée des chasseurs-cueilleurs, qui s'excusent auprès du gibier),
j'ai enfoncé son noyau, sans forcer, du bout d'un seul doigt,
dans la terre meuble et noire, mêlée à d'autres boues, visible
sous le goudron à deux pas de chez moi (tous les mois, des
travaux soulèvent le macadam ou crèvent le trottoir sous
prétexte de ravalement, de réseau d'égouts). C'était une façon
comme une autre de m'en débarrasser, faute de poubelles –
mais j'avais peut-être déjà le secret espoir de voir ce noyau
ridé, probablement stérile, germer malgré tout.

Une longue hibernation, ou la mort sans rappel : le noyau
est resté sous son sable, recouvert de goudron frais, prêt
à supporter la pluie et le beau temps, le vent et le gel de
janvier – (des petites pousses vert-blanc apparues dès les premiers jours m'ont fait croire au miracle, pour si peu : à la
longue ces brins sont devenus de l'aigremoine). L'oubli aurait
pu rapidement remplacer, chez moi, la curiosité ; le noyau
mort, sous son glacis, serait devenu à mes yeux caillou parmi
les cailloux, soumis comme eux à cette physique obscure,
chthonienne, qui les fait migrer sous terre ou remonter à la
surface, sombrer pour de bon – s'il émergeait après trois
siècles d'obscurité, le noyau n'aurait que l'allure d'une capsule

datée. Le sous-sol à mes pieds, pas franchement cimetière, pas franchement puisard – septique purgatoire – semblait s'être chargé de faire disparaître toute ma botanique.

[**rue à feuilles étroites**]

J'emprunte chaque jour cette rue qui sépare mon appartement de la salle des cadastres où j'use mes manches de chemises : en quelques jours ou quelques mois (j'ignorais alors les cycles naturels) j'ai eu tout le loisir de voir l'arbre paraître, germer, pousser, soulever même le goudron, frotter sa tige contre une balustrade et couvrir le trottoir d'une ombre malingre.

[**grande éclaire**]

Voici mon eurêka, ma conversion : ce goudron soulevé, ces pierres délitées, ces lézardes visibles contre la façade d'un immeuble tout proche, je comprends qu'il faut les attribuer à cet arbrisseau discret – vigoureux en dépit de ce mélange de terre morte, d'essence, d'urée tenace, de litière ou de guano coupé de térébenthine dans lequel il plonge ses racines. Depuis ce jour j'envisage ma Fin des Temps – la fin de la ville – sous l'aspect de broussailles, de ronces et de jardins. C'est sous l'aspect d'un cultivateur du dimanche que j'appliquerai, à la lettre si possible, les ordonnances de saint Jean de Patmos, ou celles de ses prédécesseurs.

[**saxifrage controversée**]

Il paraît que du lierre abîme l'Hôtel de Ville, que du romarin ou la silène enflée dégrade la façade du Palais des Papes, qu'à l'heure où pousse mon pêcher l'herbe tremblante descelle les tuiles du Muséum.

[tabouret raide]

Ironie, peut-être fatalité : la salle des cadastres où je fais acte de présence est aveugle : ni vasistas, ni œil-de-bœuf, ni même un soupirail en demi-lune ouvert sur un paysage de talons et de bassets conférant à la pièce un statut de sous-sol. Mon bureau ne comporte pas d'ouverture : peut-être pour n'être pas tenté de regarder par la fenêtre, et comparer ce qui se montre dehors à ce qui se dessine sur le papier – l'archiviste géomètre est lié par la confiance à ses plans, sur lesquels il se penche, tenu de s'y confondre, d'en être le confident, le compagnon. En regard de la rigueur des cartes, certains employés des cadastres jugent volontiers frivole le monde du dehors – le terrain – peut-être parce qu'ils considèrent le plan comme la version définitive d'une réalité toujours changeante, toujours revenue sur ses engagements (seuls les arpenteurs s'y risquent ; leurs théodolites forcent le respect). Mais le cadastre n'est pas une œuvre définitive révélée par Celui qui Est ; s'il est corrigible, falsifiable peut-être, c'est parce qu'il ne considère pas l'éternité comme gage de sa perfection : chaque responsable de plans, même s'il ne change de toute sa vie qu'une virgule, un pointillé, se persuade que la correction est en son pouvoir – ce constat lui tient lieu de serment. Un stylo rouge est son attribut, son caducée ; la tradition, qui se perd, veut qu'il le garde toujours ouvert.

Les armoires, les étagères, couvrent les murs, délimitent mon périmètre de travail. On ne sait quel vœu de chasteté ou quelles superstitions dignes des mormons interdisent à la science cybernétique de pénétrer dans ce sanctuaire : il s'avère en tout cas que ma hiérarchie n'ose pas encore braver les tabous ; je suis privé d'ordinateurs comme les bénédictins de tourne-disque.

D'ailleurs, sur mon coin de bureau je ne m'occupe que de plans caducs ; tenue à des réductions d'effectifs, toujours extraordinaires mais sans cesse renouvelées, la direction n'a jamais pour autant osé me licencier : préfère me voir jouer avec d'anciens rouleaux, d'immenses cahiers vétustes, en attendant l'âge de ma retraite – m'entretient comme son vieux souvenir. J'ignore ce que valent ces cartes, si mon travail consiste à soulever la poussière : les plans sont trop vieux pour faire référence, trop jeunes pour servir d'archives et contenter les historiens, ou les amateurs de curiosités – cependant suffisamment exacts pour donner une idée juste des derniers plans en usage. Je ne me plains pas de mon sort : mes archives frappées de nullité me sont sympathiques, je joue avec elles comme avec des livres d'images ou des cahiers d'école ou des atlas datant des archiducs ou du Saint-Empire ; en toute impunité j'y ajoute des ratures, je dessine des ombres et des points minuscules qui font office de graffitis, je dévoie les parcelles d'un seul coup de crayon et, signant de mon nom, je m'attribue sans scrupule tous les chemins communaux.

Loin de moi l'idée de les griffonner tous, ou de les falsifier dans l'unique but d'y retrouver plus tard ma trace ; quand mon classement est terminé, travail toujours recommencé, je sais rester contemplatif, je feuillette les cadastres avec le sentiment d'avoir accès à des secrets d'État ou des plans de Cité Interdite (: parcourir du doigt le couloir qui mène au réduit d'une concubine) ; je regarde mes plans de haut, avant de les replier une fois pour toute (qui s'y penchera à nouveau?). Depuis que ma décision est prise, que ma campagne est en marche, depuis que j'ai choisi de couvrir la ville sous la masse végétale, ces jeux purement gratuits sont remplacés par des études de stratège : je me sers avant tout des cartes pour repérer sur le papier les parcelles urbaines dévolues aux jardins, aux pelouses ; je calcule mes manœuvres à venir d'après leurs emplacements, et leurs surfaces : d'une croix je me les approprie : tous les espaces verts me sont acquis.

[**bette vulgaire**]

J'ignore tout de la botanique, je ne distingue pas un hêtre d'un tremble, ou un pissenlit d'un papyrus – j'ai longtemps cru que des orfèvres, maniant de minuscules marteaux frappant de minuscules enclumes, étaient chargés de transformer, d'un geste bref, un petit pois en pois cassé.

[**boule-de-marbre, fleur-de-cire**]

Pas une seule fleur, pas une seule plante : mon petit appartement n'admet ni muguet ni cactus, et les rares pots de basilic ou de ciboule que j'ai tenté d'acclimater pour renouveler mon ordinaire ont séché en une seule nuit. Pas même un sachet de lavande ni, pour le décor, un de ces bouquets de roses séchées qui me font l'effet d'une mariée morte – pas de monnaie-du-pape, ces tiges hautaines dont les fleurs ressemblent à des hosties livides. L'essentiel de mon deux-pièces est réservé aux minéraux, à la céramique, au métal ou à des miscellanées de plastique, formica, tergal, carbone, bakélite, offrant des angles nets, des bords précis, une forme sur laquelle le temps, à s'y tromper, paraît ne pas avoir de prise : du verre ou du carton qui n'exigent aucun soin : pas d'engrais, pas de lumière, pas de musique douce. En vérité je redoutais les plantes et toute fibre végétale : comme épouvantail, pour exorciser la plante en ce qu'elle a de vivant, j'ai accueilli pendant des années, sur un guéridon à trois pieds, une fleur de nylon aux pétales épais comme une toile cirée, d'un jaune orange indestructible, sans nuance : un soleil plastifié, visible de loin, pour signaler dieu sait quelle interdiction de stationner ; je voulais brandir cette marguerite artificielle en signe d'ostracisme.

[abécédaire]

Décider de donner à ma fin du monde une forme jardinière, botanique, m'oblige, moi l'ignorant gratteur de cadastres, à combler les lacunes d'une culture citadine. Comme certains poètes à la veille des Cent Fleurs, je me suis efforcé de quitter la ville pour un rustique apprentissage en rase campagne. J'ai fréquenté aussi des fleuristes, et quelques livres de référence classés par ordre alphabétique, qui me permettent d'appeler une figue une figue.

[centaurée chausse-trape, narcisse des poètes]

Jouer avec quelques fleurs (ou mieux : avec le monde végétal en son entier – toute la Botanique, tout l'Herbier de Linné) me procure des joies d'enfant, parfois converties en pensées indécises : je m'émerveille, avant de m'inquiéter, des noms multiples donnés à une seule plante, ce doublet latin et vulgaire qui amuse et déconcerte : savoir que *Datura stramonium* et *Herbe à taupe* désignent la même herbe me procure un plaisir mitigé dont je n'ai pas réussi encore à définir la nature exacte.

En revanche : elle est fragile, la différence entre laurier-sauce et laurier-rose, juste une nuance, si l'on ne s'en tient qu'aux mots (et pourquoi pas ?), un euphémisme ou une coquetterie faisant passer de sauce à rose – mais pour celui qui en fait son repas cette nuance est décisive, elle fait la différence entre un aromate et un poison. (Les noms les plus doux mettent la puce à l'oreille : la Sabine, plantée le plus souvent pour l'ornementation, est – ceci dit à voix basse – un emménagogue : à l'usage, un vigoureux abortif qui ne laisse aucune trace hormis une très légère odeur évoquant la gentiane.)

Les nomenclatures enivrent : je choisis les fougères pour leurs noms de succubes, de suppôts de Satan, de diables bretons trouvés sur les calvaires ou dans la lande, sous la pleine lune *(Barometz, Ceterach)* ; pour leurs noms de monstres et de chimères mal abouchées, accouplées de travers ou tête-bêche *(Lycopode, Miadesmia)* ; pour leurs noms de satyres ou de Harpyes revenues de Crête *via* l'Égypte *(Nephrolepis, Ophioglosse* – aussi nommée langue de serpent, herbe sans couture – *Pecopteris) ;* pour leurs noms de Junon du Latium, de matrones à la javelle, d'Agrippine sauvée des eaux *(Salvinia).*

[clandestine]

Ne s'en tenir qu'aux mots : selon cette règle de vie, qui sert aussi de stratagème, rhododendron et Nabuchodonosor s'équivalent – cependant : micocoulier, palétuvier, volubilis sont-ils autre chose que de simples noms ? Auquel cas le carnet d'un horticulteur, son herbier mais aussi son jardin, sont à leur tour riches d'impostures, de baptêmes orphelins auxquels rien ne correspond.

Fumeterre : dit aussi chausse rouge, fiel de terre, fleur de terre, herbe à la jaunisse, herbe à la veuve, tarabustelle, lait battu, pied de géline, soupe au vin, pisse sang. Defender, Pépita, Tiger Cross, Slice King : ne sont pas des champions de catch, mais des noms donnés à certaines espèces de courgettes, ou de concombres. Il existe un panais nommé Tender and True.

Une algue s'appelle crachat-de-lune : sans doute à cause de ses reflets dans l'eau, son parfum de rose pâle délivré en catimini, sa texture de mucus translucide (une pituite venue d'en haut, du cercle des étoiles mobiles). Se vouer au culte du crachat lunaire, ou l'inscrire à l'index du langage des plantes, reviendrait à se montrer sensible de front à la rancœur et à la tristesse – une tristesse romantique, une mélancolie d'amours contrariées, interrompues, tuées dans l'œuf.

[polypogon presque muni d'une spathe, fritillaire en forme de tube]

Plantes cryptogames ou spermaphytes, gymnospermes ou angiospermes, mono ou dicotylédones : le jardinier que j'essaie d'être s'en tient aux classifications anciennes – s'il me prend quelquefois l'audace de contredire Linné, comme d'autres insultent Dieu ou le mettent à mort à coup de pierres, je me satisfais pleinement de son Ordre fixé d'après les seuls critères morphologiques : il y aurait un étroit rapport entre juger sur la mine et fonder sa taxinomie, se vouer aux sciences et célébrer les apparences. (En matière de botanique, les classifications modernes se veulent plus malines, et se méfient de l'évidence : elles font de l'œillet un membre de la famille des apétales.)

[patte-d'oie des murs]

À l'heure d'entamer mon Jardinage Universel (l'aube de mon premier jour), se pose la question du terrain. Pas de meilleurs jardins, disent certains, que les friches sacrifiées en bordure d'autoroutes, des bandes d'herbes jaunâtres en lisière de péage, triangles pelés serrés au cœur des échangeurs (des trèfles, vus d'avion, ou des entrelacs celtes), pas de meilleur conservatoire de la faune et de la flore que ces tumulus corrects et ras, imparfaitement funèbres, élevés au centre des ronds-points : sur ces terrains hostiles, parfois pentus, soumis au vent, aux convois et à leurs vidanges, au sirocco soulevé par des caravanes de poids lourds, poussent coûte que coûte des liserons tenaces, des chardons coriaces et – pugnace – une luzerne inattendue ; on devine même, au printemps, des coquelicots, résistant au pire, pavot d'une nouvelle trempe conjuguant force physique et grâce fragile : ils ont toujours cette teinte rouge tendre et cette allure fripée de nouveau-né qui les font paraître voués à brève échéance.

D'autres parleront des cimetières comme de parfaits cabinets de botanique, de parfaits jardins des plantes, arrosés en permanence et maintenus si possible en état par les deuils successifs et les morts régulières. Bien sûr leurs allées sont pauvres, parce que réservées au gravier, surveillées peut-être par les gardiens qui traquent le chiendent au même titre que

le nécrophile, et piétinées régulièrement, avec des condoléances qui ne leur sont pas destinées, par des cortèges : dans
un cimetière achalandé, les obsèques désherbent aussi impi-
toyablement les marches qu'elles font fleurir les tombes. Un
jardinier de ma sorte, s'il veut cueillir son bien dans un cimetière, se remplir un herbier ou couper quelques boutures
d'annuelles, peut se pencher de préférence sur des tombes
négligées, là où pousse la jacobée, faute de visite ; il trouve
auprès des oubliés, auprès des concessions perpétuelles tombées en déshérence, ces friches discrètes mais durables dont
il se fait le protecteur, en laissant faire, et le meilleur client.
Les pierres tombales font office de muséum : le jardinier
pourra y gratter, à genoux sous prétexte d'une prière, le lichen
ou le lavandin sauvage ; mais il ne se montre pas naïf (malgré
son tablier, son chapeau de paille, sa panoplie d'horticulteur)
au point de croire que sur ces dalles en faux marbre il trouvera tout ce qu'il cherche, fleurs rares, espèces précieuses,
comme si toute la botanique s'était donné rendez-vous au
pied d'un caveau de famille. L'état d'une tombe enfin vouée à
l'oubli et couverte d'un lierre commun ou d'une alternance
de mousse et de toile d'araignée a de quoi susciter l'intérêt
d'un jardinier ou d'un obtenteur en quête de nouveaux
porte-greffe – j'envisage, pour ma part, de me rendre la nuit
à Saint-Vincent, sur le site d'une ancienne maladrerie, pour
y cueillir de l'ail rosé, puis déterrer des sanguinaires (peu
de chose fait verser le botaniste ordinaire dans la sorcellerie) ;
mais la sagesse enseigne à ne pas négliger ces florilèges renou-
velés que constituent les tombes neuves et les morts de fraîche

date – soucis, hortensias, chrysanthèmes, gardénias, capucines, bégonias, œillets d'Inde, pivoines, iris et glaïeuls : la fleur de convention m'intéresse tout autant que le rejet sauvage, la mauvaise herbe. La tentation est grande de composer une sociologie de la pierre tombale, ou d'établir une psychologie, un portrait du chagrin d'après la nature des fleurs déposées sur les morts ; je me contenterai de voler des couronnes mortuaires et des plantes en pots, faire une rapine discrète parce que partagée, clairsemée, et composer pour mon propre usage, dans une petite cour ignorée de tous, un parterre, un massif, agrémenté entièrement d'essences que le deuil conduit à déposer sur les tombes. De ce bosquet, macabre en dépit des couleurs, je ferai une folie, digne de Bagatelle.

[oreille-d'homme]

Mon voisin, maigre adversaire, se livre à ses manilles, à son poker, à une version singulière du bridge qu'il m'arrive de prendre pour un bonneteau silencieux – puis à ses patiences. Quand vient l'heure des divinations, il me promet des mariages (j'en juge d'après ce que j'imagine, selon ce que j'aurais moi-même improvisé devant un pendule), des croisières, peut-être même des naufrages sur des îles composées uniquement de lagons ; il voudrait me faire croire que ses cartes délavées ne tenant jamais droit recèlent des coups du sort, des grands desseins. L'idée m'a frôlé d'en faire mon complice, de prendre pour associé, pour apprenti, ce compagnon muet, libre tous les jours y compris le dimanche (avec quelques leçons cet ancien tanneur, ou foulon, serait devenu un paysagiste audacieux – qui sait ?) ; mais j'ai renoncé à l'affranchir, comme j'ai abandonné l'espoir de le rendre sensible aux charmes d'une Bible lue en partant de sa fin ; sa grimace de mépris (j'aurais pourtant juré qu'il priait la Madone à chaque levée), sa surdité, m'ont fait comprendre qu'en dehors du tapis, où il étale son jeu et son indifférence, le monde lui est opaque.

[absinthe]

En lisant, par l'autre bout, l'Apocalypse de Jean, je n'ai pas eu de peine, ni beaucoup de mérite, à constater que l'Apocalypse définitif, considérée comme fin dernière, brusque échéance, se fait précéder de signes, eux-mêmes précédés d'avertissements, au point qu'une série de présages retarde sans cesse l'heure de l'*ainsi soit-il* – mais les signes sont les préliminaires de ce qui n'advient jamais, ou se contentent d'être l'aboyeur d'un bal d'aboyeurs : l'Apocalypse lui-même est un effet d'annonce, l'augure d'autres événements, se suffit dans ces menaces, et jusqu'à son terme la vision de Jean n'est que préludes aux préludes, sceaux s'ouvrant sur d'autres sceaux, et trompettes annonçant les trompettes.

Des chandeliers, des étoiles, une porte ouverte dans le ciel, puis un trône, un arc-en-ciel, un livre à sept cachets, puis un cheval blanc, un cheval roux, un cheval moreau suivi d'un cheval bai, un soleil noir, des constellations abattues sur les continents comme les cerises d'un arbre abîmées par la grêle, puis des anges et des tribus, puis des cors ou des hélicons, puis l'étoile absinthe, encore des chevaux, mais à tête de lion, un livre qu'il s'agit de manger, des dragons, une bête, puis un ange flanqué d'une faux, puis d'autres encore, porteurs de fléaux ou de coupes, puis une pierre jetée dans l'océan, des trônes et des âmes damnées.

[saxifrage des endroits ombreux]

Une graine, un noyau (pour reprendre, là où il s'était suspendu, le cours des choses), un pépin planté au pied d'un temple, c'est-à-dire d'un immeuble (le Palais des Congrès, par exemple – plus tard il s'agira peut-être d'une grande surface, d'une tour sans fin louée par un conglomérat, une école primaire, le siège d'un pétrolier, un musée ou une ambassade, une maison des jeunes, un hospice, un mouroir, un hôtel, le cœur joyeux d'un carrousel) : ce simple grain, une fois germé, fait pénétrer ses racines sous les fondations, ou pousse à travers les caves, longe un parking, profite d'un vide sanitaire pour prendre de l'ampleur, monte en graine le long d'une façade ou s'introduit par les ventouses, les bouches d'aération, les conduites de gaz ou toutes ces gaines vides menant aux terrasses ; passe à l'étage supérieur, se risque vers les couloirs à moquettes, les grands halls à miroirs, poursuit l'ascension par la cage d'escalier, la sortie de secours, ou par le monte-charge dans lequel un lierre grimpant se donne des élans de lianes ; occupe le réseau d'une climatisation, s'accommode d'un courant d'air frais comme il s'accommodait au sous-sol des gaz d'échappement. Il suffit d'une saison favorable, et pluvieuse, pour qu'un plant de haricots, de ceux capables d'envoyer un nigaud de fable au ciel, grimpe jusqu'au toit d'une tour, qu'il démembre pierre à pierre. Si la pluie fait défaut, on me verra, en bottes et en ciré, armé d'un arrosoir, verser de l'eau au pied des grands buildings – les concierges, les hommes forts, des uniformes trapus aux armes d'un confiseur ou d'un marchand de chaussures, les maîtres-chiens des sociétés de surveillance, verront en moi l'hurluberlu, à moitié Gepetto, à moitié Tournesol, venu faire pousser les gratte-ciel avec de l'eau coupée d'engrais. Ils pointeront vers moi ce regard qui, chez eux, signifie l'indulgence, et me visseront un entonnoir sur la tête puisqu'il est dit que tous les schizophrènes en portent, depuis Charcot.

[sceau-de-Salomon]

C'est le Palais des Congrès que nous avons choisi (moi et mon lierre) pour premier bastion à prendre, ou saboter. Pourquoi lui ? À cause de la théâtralité qu'il suggère et renferme ? à cause du Palais dont il usurpe le nom, se désignant à la fois héritier des dynasties royales et centre de la parodie dans laquelle versent, dit-on, l'histoire et toute souveraineté ? à cause des pitres à qui il offre l'hospitalité – spectacles ou tables rondes ? à cause du théâtre à l'Italienne dont il trahit la forme au point de la nier ? ou tout simplement à cause de son architecture, du nombre de parpaings que cela représente, ou la quantité de ciment, de charnières, de sable et de poutrelles, à cause des forces en équilibre et des axes de soutènement répartis selon des calculs précis, en usage déjà sous Villard de Honnecourt.

[amour-en-cage]

Le jardinier apprendra que les épines des roses s'appellent *aiguillons* (la question se posera alors de savoir pourquoi on exige des roses qu'elles justifient leurs aiguillons – mais jamais du mûrier ni du prunier sauvage) ; il apprendra bien vite aussi que certains figuiers, sans être tout à fait stériles, portent des bourses vides semblables à s'y méprendre aux figues comestibles.

Pour ma part : ai-je appris quelque chose ? À force de tordre des sarments de vigne dans le sens des aiguilles d'une montre, à force de manipuler des grappes, des stigmates, à force de regarder de près l'œil des corolles, des iris, le vert des tiges, ou de suivre du doigt la course des racines sous la terre, je finirai par me familiariser avec certains termes, quelques notions curieuses, discrètement évoquées dans des pages rarement ouvertes de livres de botanique ; à force de jouer au pépiniériste sans scrupule, à l'ensemenceur, pour ne pas dire l'inséminateur, à force de compter sur la terre des milliers de bâtards en forme de bouture et de rejetons naturels, comptant même par milliers des enfants illégitimes qui s'avèrent être, pour la petite histoire, des cactus nains, des bonsaïs reproduits par marcottage ou des lianes toujours vertes – à force de jouer sur les engendrements et fréquenter les échappées de jardin, je n'ignore rien des appareils reproducteurs, même à l'échelle d'une marguerite – je n'ignore rien des anneaux de déhiscence, ni même de tous les conceptacles – (malgré tout, et pour retrouver l'innocence de ces premiers jours, je m'efforce de confondre l'un et l'autre, comme je confonds par ailleurs calice et réceptacle, col et cône, vaginule et vaginelle).

Au cours de mes promenades, j'apprends aussi l'existence de l'amour-en-cage, au calice accrescent *(physalis alkékenge)*.

41

[impatientes n'y-touchez-pas]

Sans y toucher, ni se compromettre, le jardinier de la mauvaise herbe se penche sur les bulbes et les pseudobulbes de ses plus belles plantes (au ras des pâquerettes ou couché sur le gazon), de plus près encore étudie leurs poils collecteurs, de l'œil ou du doigt évalue leurs duvets, leurs boutons ; s'il le peut fait le tour des gaines, dénombre les lobes et se permet, en botaniste dilettante, en clinicien, des privautés, des frottis qui sont l'avatar du doigt de cour, du baisemain ; quand il aura suffisamment couvé du regard une fleur, tourné autour de sa corolle, goûté différents angles à la manière des héliotropes, le jardinier s'intéressera aux sinus et, plus sérieusement encore, aux vaginules, suivra, avec l'enthousiasme de ceux qui ont enfin compris leurs leçons, les veines jusqu'au plus profond de leur course, le calice (il en jugera la rondeur, et le confort) ; suivra leurs gorges, toujours incliné, toujours attentif, toujours studieux, avec dans une main une pioche, dans l'autre un microscope ou une éprouvette (son baratin de botaniste fait passer un cure-dent pour une pipette), s'étonnera de trouver, entre pétale et sépale, des faux amis, des homonymes, par qui il se laissera doucement berner : clochettes, éperons, ombelles et lèvres.

Puis, penché sur des formes de vie primitives – algues, lichens et ginkgos – il apprend tout de la lutte éternellement recommencée des anthéridies et des archégones.

[herbe-aux-sorcières]

Mes premières plantations ont eu pour emblème la rose : d'elle je retiens précisément les aiguillons, et la force vigoureuse – quand le rosier s'appuie sur un pied d'églantier. Tout jardinier doit avoir pour ambition de couvrir son quartier puis les rues adjacentes (adventices) de rosiers grimpants et rampants – profiter de leur force mais prôner pour un public non averti leurs vertus de beauté et de charme, afin de recevoir l'assentiment de tous. Pour envahir peu à peu la ville, pour faire de mes rosiers un réseau de ronces et d'épines, je me lève à point d'heure, je profite de mes nuits blanches pour aller dans les jardins publics marcotter en douce (je replante, sans le détacher, le rameau encore souple d'un rosier adulte) ; sinon je procède à des boutures, toujours en pleine nuit malgré l'avis des botanistes adorateurs du soleil, persuadés qu'aucune greffe ne prend au crépuscule ou pire, à la pleine lune ; j'enfouis le reste directement en terre, sans manières ni préparatifs – j'agis négligemment : j'ai pour alliée la force des choses, celle de l'obstination, de la fougue et de la jeune sève – la désinvolture est ma main verte (Alexandre, je suppose, fichait avec la même furie mâtinée de désinvolture ses piquets de tente, en Bactriane, qui servaient aussi de jalon à son empire). Un fagot d'églantiers fraîchement coupés sous le bras, je plante lentement, avec modération ; mon allure se rapproche davantage du promeneur, appuyé sur un bâton, ralenti, reposé, qui traîne à chaque étape mais, en dépit d'une démarche presque immobile, suffisamment instable pour ne pas prendre racine à chaque pas.

De nuit, indifféremment vêtu d'un tablier, d'un duffel-coat ou d'un grand imperméable (il s'ouvre à tous les vents, ses poches n'ont pas de fond, se résument à des fentes taillées de biais à hauteur de l'aine : j'y plonge mes mains, l'air le moins sournois possible) : j'irai inséminer les roses dans les jardins publics, histoire de jouer les pères fécondateurs, multiplier les êtres, favoriser les croisements. (Féconder artificiellement une rose est une occupation amusante, qui pour l'amateur que je suis se déroule comme une histoire d'amour – les prémices sont les mêmes : l'inséminateur commence par enlever un à un les pétales, puis dépose le pollen à l'aide d'un pinceau, recouvre le tout d'un capuchon insensible aux intempéries – enfin il file en douce.)

De nuit, toujours : j'ai l'air d'un maraudeur, d'un voleur d'enfants, d'un croque-mitaine semeur de mauvaise graine sorti d'une fable et affligé d'une silhouette équivoque, confondue avec des cactus centenaires ou des champignons démesurés (eux-mêmes fabuleux) ; ou bien l'air d'un creuseur de pièges, peut-être, inquiétant et froid mais dépourvu de cruauté, ou ayant troqué la pulsion de meurtre contre l'amour du travail bien fait, et distrait au point de tomber dans ses propres pièges (car il juge de son travail en prenant du recul).

[épervière des murs]

Ni les murs ni les grilles ne doivent être un obstacle ; les enceintes élevées exigent un allant de jeune premier (un allant que je n'ai plus, ou que je contrefais, moyennant une vieille échelle de corde) : qu'elles soient franchies dans un sens ou dans l'autre, elles supposent l'agilité d'un pensionnaire faisant la belle ou d'un Roméo grimpant aux balcons. Les grilles de fer forgé se montrent plus sournoises, mais délicates, élégantes par moments ou par endroits, selon l'heure, l'éclairage ou selon les reflets ; elles marquent l'infranchissable mais prétendent cependant que tout est accessible, que sont disponibles les pelouses derrière elles, laissent croire à qui s'y frotte, et renonce à les enjamber, que son échec est entièrement sa faute, le fruit de sa propre incompétence. Les portes ou les serrures sont plutôt des jeux pour amateurs d'énigmes : faire céder la clenche ou la chevillette à force de louvoiement est un exercice qui n'est pas dans mes cordes (je ne possède ni l'habileté ni cette perversité manuelle nécessaires à l'exercice du passe-partout – je n'ai pas non plus l'indispensable brutalité : malgré le savoir-faire d'un cambrioleur serrurier, capable d'ouvrir une porte cochère à l'aide de la fameuse épingle à cheveux, ses manigances, toutes cérébrales qu'elles puissent paraître, trahissent toujours une force brutale, un vandalisme de pied-de-biche ; la serrure, si elle cède à des manœuvres labyrinthiques et réfléchies, finit toujours par être forcée, même sans éclats, même sans blessures).

Dans les mémoires de Vidocq : chercher et retrouver l'herbe-à-couper-le-fer, que les prisonniers, sous prétexte de s'échanger des épinards, se confiaient l'un l'autre, replantaient dans un coin de cellule (l'herbe-à-couper-le-fer pousse à l'ombre, c'est une chance) ; dans ses mémoires, chercher une description précise de cette plante, pour en déduire le nom scientifique, dans ce latin étranger au jargon des crocheteurs, des coquillards puis, une fois l'herbe localisée, identifiée, aller la cueillir, comme les bonnes femmes le font des mauves et des valérianes, de la passiflore et du millepertuis, pour infuser leurs philtres (pas *d'amour*, mais plus prosaïquement diurétiques, ou vermifuges). Le jardinier clandestin, muni de son herbe-à-couper-le-fer, devra ensuite trouver au cours d'expériences ressemblant à de la cuisine de quelle façon l'herbe des prisonniers ronge effectivement le métal : un cataplasme corrosif, ou le bord tranchant de l'herbe cueillie de frais ?

Passer les toits, les faîtages, les chiens assis, me familiariser avec les chats de gouttières et la faune qui s'agite en douce sur les corniches : voilà une manœuvre qui me ressemble davantage, s'accorde à ma condition physique comme à mes horaires de bureau ; grimper sur les terrasses ne demande aucun athlétisme : les escaliers d'immeuble, relayés par des échelles ou des escabeaux, mènent sans obstacle à l'air libre, moyennant une trappe poussiéreuse (parfois, il est vrai, gardée par un cadenas au format d'une boucle d'oreille). Le reste est question d'équilibre, plutôt de discrétion ou de rigueur maniaque (car il s'agit entre autres de laisser les tuiles à l'endroit où on les avait trouvées) – il faut enfin savoir courber l'échine, se faire petit, puisque avancer de toits en terrasses oblige à évoluer sous une frondaison d'antennes et de lianes de câbles.

[herbe-de-Saint-Innocent]
Innocent même si on me prenait en faute (gendarmes à bicornes vêtus à la Gnafron, bobbies anglais que le bonnet – de loutre ? de mouton ? – empêche de passer sous les treilles, passants discrets mais curieux et sensibles à l'ordre public, espions amateurs me tenant au bout de leurs jumelles, me reluquant de loin, forts soupçonneux, très susceptibles, mais, en dépit de leurs ulcérations, incapables de voir dans mes gestes badins, presque misérables, ceux qui me font verser

dans l'illégalité – incapables de relever le faux pas justifiant des mandats d'arrêt : tailler des roses n'est pas crever un pneu) : même si l'on me prend sur le fait, sécateur dans la main gauche, arrosoir entre les bottes, pulvérisateur rempli d'une solution de fumure dont le trinitro toluène serait un cousin très éloigné, même si l'on me surprend, main au panier ou dans le sac, l'index trempé dans le pollen d'une angélique, occupé à féconder en tout bien tout honneur une pervenche du jardin des Plantes, même si l'on trouve dans mes poches les restes évidents de mes forfaits (boutures, boutons, rejetons, broutilles), même si un légiste malicieux parvient à trouver dans la forme d'une greffe un style qui m'est propre, même si l'on trouve dans mon appartement, sous chaque fenêtre, tout un jardin d'hiver faisant de moi le receleur de roses créées pour Victoria, même si on profite d'une de mes promenades dominicales, tranquilles, purement contemplatives, pour m'accuser avec la mauvaise foi des moralistes de revenir sur les lieux de mes crimes – malgré tout cela, preuves, flagrant délit, recel et pièces à conviction, je demeurerai innocent, ne resterai pas au poste le temps de voir faner la fleur que, par défi ou en signe de ralliement de moi-même à moi-même, j'accroche tous les matins à ma boutonnière.

[haricot candide]
Ma campagne paresseuse, silencieuse, lente (et, surtout, tentée par la procrastination : sans cesse occupée à renvoyer l'échéance au lendemain) ne signifie pas toujours l'impuissance, l'indigence ou la défaite, l'avènement reporté à plus tard, masqué ou retardé par d'infinis préliminaires ; l'aspect

nonchalant de mes cultures qui ignorent la brièveté des déflagrations ne dit rien de l'ampleur de la tâche ou de mon ambition. J'ai pour moi la précision, la hargne peut-être (en tout cas le temps libre) de l'amateur. Du seul point de vue juridique, il est préférable de dissimuler ses exactions sous la forme d'un passe-temps – pour me donner l'air innocent je taquinerais le goujon.

(La politesse exquise, automate, du misanthrope tel que je l'envisage : qui fait l'appoint de son amitié comme de sa petite monnaie – qui tourne les talons ensuite.)

[flamme]

Le flegme et la paresse, ceux de mes bosquets, ceux du jardinier lui-même (le saule pleureur et moi avons la même posture de fatigue assumée), cachent efficacement la virulence de nos faits et gestes : non seulement dissimulent des orties dans un bouquet de violettes, mais dissimulent aussi mes rêves d'apocalypse sous les dehors d'un jardinage (tout ce qui s'affuble, à mes yeux, tient du camouflage, et suppose un stratège). Lorsque j'use, par exemple, de la jacinthe d'eau, que je fais proliférer au bord des autoroutes, en tant que simple ornement aux départs en vacances, je sais de source sûre (j'ai lu les historiens) qu'en 1897, aux États-Unis d'Amérique, cette plante pas plus grosse qu'une salade causait tant de dégâts – invasion, débordements, chaussées rompues, accrocs divers, cultures étouffées sous le poids de la mauvaise herbe – que le secrétariat d'État à la Guerre en personne avait fini par envoyer sur le terrain des hommes formés pour les manœuvres, des anciens soldats de chez Grant et tous les militaires sans affectation. Après avoir décrété l'équivalent d'un état d'urgence, et libéré sur les salades des tonnes d'un défoliant jusqu'ici inconnu, il a bien fallu conclure à l'échec : les lance-flammes de l'armée avaient échoué comme plus tard le désherbant échouera dans la plaine du Mékong.

[crocus changeant]

Tout bon pépiniériste doit savoir inséminer une fleur à l'aide de son propre pollen : un pollen à cueillir tôt le matin, quand la fleur est encore mâle, et à en saupoudrer son pistil, le soir, quand la fleur est devenue femelle (il s'agit donc d'espacer les visites, savoir jouer habilement de la répétition et de l'alternance) ; la réussite des opérations repose sur la précision des rendez-vous – et sur la fidélité, bien qu'en apparence passer d'un mâle à une femelle suppose la plus extrême des inconstances.

[herbe-aux-écus, corbeille d'argent, bourse-de-Judas]

Mettre sur pied une Apocalypse en forme de jardin d'agrément, faire pousser dans chaque quartier de quoi efflanquer les digues, entretenir un potager envahissant : tout cela exige des fonds, et le jardinier doit apprendre combien coûte, au brin près, cette herbe minuscule qui pousse entre deux pavés. Il peut aller quérir de l'argent auprès d'un Médicis (d'un Guggenheim : puisque ses jardins aspirent à l'œuvre d'art, et ses prophéties à l'abstraction) : un Médicis sur la fin de ses jours pourrait, magnifique, solder ses émeraudes, vendre un morceau de vrai Braque ou hypothéquer le marbre de ses domaines pour financer ma campagne (*sur la fin de ses jours* : afin qu'il ne redoute pas une mort précoce, et ne considère pas toute eschatologie d'un mauvais œil – les jeunes gens ont le défaut de se prévoir un avenir). L'argent peut lui être fourni par un grand vigneron ou un grand marchand d'eau – dont tout le travail, ou toute la ruse, consiste à vendre aux particuliers l'eau qu'ils rejettent gratuitement, après l'avoir blanchie à travers plusieurs filtres. Les fonds peuvent venir d'un ministère (l'Agriculture ou l'Environnement – ou l'Intérieur parce qu'il s'occupe des cultes et qu'il est question de Jour du Seigneur) : une enveloppe ministérielle lui serait attribuée pour service rendu à la nation agraire, contribution au reboisement des banlieues ou pour avoir favorisé la repousse des coquelicots à l'approche des grands échangeurs. L'argent lui viendrait peut-être d'un excentrique, hésitant entre financer des olympiades dédiées à Bacchus, une pièce de théâtre ou son Apocalypse.

L'argent d'un Médicis serait aurifère et sonore, fait de piécettes nombreuses, dont la valeur se mesure à l'éclat, au timbre et d'une certaine manière à leur éparpillement ; il y ajouterait le pourboire d'un bijou, d'un vieux ducat, enfin d'un diadème de famille qui, une fois fondu, représente peu de chose, mais possède en l'état l'autorité d'un blason. L'argent du marchand d'eau serait un prêt à intérêts, un sponsor voyant ; son chèque ferait l'effet d'une aumône grandiose (plus la somme est élevée moins la pitié prend sa part dans ce mélange de bonté et de calculs établissant le montant d'un mécénat) – enfin, son offre serait une dette, puisque les physiocrates ont su convertir le don en rapine. L'argent de l'excentrique serait fuyant comme les promesses d'un masque

au bal des intrigantes, magnifique la veille, dévalué le lendemain, ou échangé contre un tirage de tête, dépensé en un seul
repas, ou offert à vingt crève-la-faim – les poissons du lac
Tibériade. L'argent des ministères serait pondéré, long à
venir, sans liturgie mais accompagné de beaux jeux d'écriture
sur un papier à en-tête, ferme et définitif, aussitôt empoché
contre un reçu perdu au cours d'un remaniement (suivi, bien
plus tard, quand les subsides auront fondu, d'un inspecteur
venu vérifier, en traquant le zéro absolu, l'intégrité des
comptes – évalue sou à sou : un franc pour un arbre).

Le jardinier en manque de fonds peut aussi aller trouver
des divas, des starlettes élevées au rang de premières dames de
France, des cantatrices dont le registre va de Lady Macbeth
à la Traviata, des dames qui ont eu elles-mêmes, après leurs
premières pannes, affaire à des mécènes ; il ira leur rendre
hommage dans la coulisse ou leur retraite, il se présentera
derrière un bouquet de fleurs, chardons et poireaux, qui lui
servira, le moment venu, d'habile sujet de transition (d'illus-
tration pour ses projets) ; sans parler d'enfer vert ni de parousie, il prétendra projeter un parc à la française ou un jardin
anglais dans lesquels on donnera, en été, parmi les libellules,
Madame Butterfly.

[**petite oseille, blé ordinaire**]

Le jardinier qui n'a pas les finances de Versailles doit adopter les ruses de la Cour des Miracles, celle des petites gens
pour qui le cambriolage est une sorte de saut à la perche, et
l'effraction un tour de passe-passe.

(En tant que jardinier sauvage, dont toute la matière première (les semences, les boutures) a été puisée, moyennant quelques maraudages, dans un patrimoine commun, je me considère comme le dernier rejeton (ou l'arrière-garde, la queue de peloton) d'une armée en civil, une armée de gueux, une guérilla de va-nu-pieds, de sans-le-sou, de jacques-au-foin : j'hérite sans vraiment le mériter de tout ce qu'ont cultivé mille générations de jardiniers, depuis les obtenteurs de roses à Ispahan jusqu'aux cultivateurs de choux en terre du Nord. J'hérite de leurs croisements, de leurs sélections, d'un savoir-faire mis au point au ras du sol ou dans les officines ; j'hérite des hybrides et des floralies – j'ai sous les yeux des serres remplies d'essences artificielles, parfois contraintes, parfois soutenues, me tenant lieu d'arsenal clandestin.)

C'est par nécessité, pas crapulerie, que le jardinier puise dans un fonds public, coupe des tiges de rosiers, fauche des graines exotiques dans le jardin des Plantes et des herbes dans les anciens potagers du roi ; pour fournir sa campagne en semences, en boutures, il taille discrètement – il a parfois l'impression (la nuit caniculaire propice à des rêves orientalistes) d'arpenter la ville en passant d'un seul bond de jardins suspendus en jardins suspendus : tout lui sert de pépinière. Mais, voleur, le jardinier ne l'est pas de façon radicale : puisque tout repousse selon la loi de la physiologie végétale, il n'y a pas un chapardage qui ne soit un jour remplacé, il n'y a pas de garde champêtre qui ne soit enclin au pardon, chaque nouveau printemps tenant lieu d'amnistie, de prescription. À ce titre, le jardinier fait preuve d'un respect et d'une habileté supérieurs à ceux de n'importe quel orfèvre en cambriolage, lacenaires accapareurs de bijoux, qui prennent le soin de tailler par avance un simulacre à l'image de la pierre convoitée : polissent un leurre comme on caresse un espoir, abusent à cette occasion de poussière de diamant, passent de longues soirées à donner forme, le plus fidèlement possible, à leur contrefaçon (certains cambrioleurs, tout de même, innocents ou peut-être pusillanimes, épuisés à force de tailler leurs morceaux de verre, se contentent de ce faux, renvoient le modèle véritable à son silence, à sa condition de pureté incréée).

[Adonis du printemps]

Sous le pas du cheval (sous celui des promeneurs), le jardinier trouve la mauve, la ciste, la bourdaine, l'artichaut sauvage, la fumeterre, des myosotis, des pâquerettes, du sainfoin, de la consoude, de la bardane, du pâturin et de la viorne – aux alentours des jardins botaniques, il trouve des raretés, parfois précieuses, disséminées à l'extérieur au gré du vent et des oiseaux, hors de l'enceinte des jardins ; des fleurs qui prennent, là, sur le carreau, à la sauvette, évitant au jardinier d'avoir à franchir une fois de plus des murs trop grands pour ses courtes jambes. Mais s'il veut améliorer son catalogue, et se servir auprès des meilleures sources, le jardinier doit s'introduire au couchant dans des muséums ou dans les jardins botaniques, y demeurer le temps que les gardiens l'oublient ou le confondent avec une statue de Diane chasseresse, d'Adonis amoureux ou, plus vraisemblablement, de Bacchus chancelant ; débaucher ensuite, d'un coup de sécateur, des essences à cet endroit précis uniques au monde.

Passer le reste de sa nuit à regretter son lit : l'insomnie y est plus confortable.

Les roseraies : d'apparence plus faciles à violer que les arboretums ou les grandes serres chaudes fermées à double tour (parce que le souci du microclimat emprunte ses cadenas à l'esprit foncier, à la peur du cambriolage) ; un mur ou un portail sont après tout, pour l'horticulteur, l'occasion d'un peu d'exercice, d'une seconde jeunesse : on enjambe des murets pris pour des forteresses, on se vêt d'une redingote que l'on considère comme une cape, on chaparde une rose reconnue à tâtons (à moins que le choix ne s'effectue, de fait, à la lumière d'une lampe torche, selon le nom du cultivar), on s'en retourne victorieux (d'autant plus coupable que victorieux – mais le voleur bredouille est-il innocenté pour autant ?), la fleur entre les dents, pour imiter l'acrobatie de Thierry la Fronde – entre les dents, ou plutôt dans sa gibecière, parce que la fleur seule ne vaut rien, n'est qu'un trophée d'amoureux, pas de botaniste : le jardinier, lui, qui se passe nécessairement de toute convenance, cueille la fleur avec sa tige et la tige avec son bulbe, il prend la rose avec le rosier, le rosier ses racines, et cinq kilos de terre maintenus dans une toile de jute. À l'élégance d'un monte-en-l'air, d'un rat d'hôtel en collant noir, le jardinier substitue la stabilité pataude, mais si nécessaire volage, aérienne, du paysan.

Des essences exotiques dans le jardin du muséum – le jardinier va même jusqu'à déterrer une plante rare, probablement inédite, dans le bassin des alligators (pas de témérité, seulement de l'insouciance : une longue tradition, une astigmatie naturelle, l'éclairage insuffisant du jardin d'acclimatation et une certaine force de persuasion obligent le jardinier à considérer l'alligator vulgaire – endormi – comme un tronc d'arbre couché par la tempête).

[arbre aux écus]

Les arboretums sont rarement accessibles ; mais le vol y est plus audacieux, plus difficile : de larges fûts, des essences hautaines, de majestueux panaches y tentent le pépiniériste qui, faute d'une force herculéenne, rentre bredouille : compense son échec par des cueillettes adventices, qui le consolent, ramène un bouquet de primevères faute d'avoir abattu un hévéa – (à proprement parler, le jardinier en campagne ne s'autorise aucune cueillette, elles ne lui sont qu'un abus de langage : il n'existe à ses yeux que des vols, et les promenades, même champêtres, lui sont des cavales, ou des maraudages, de sournoises approches ; de même, le jardinier n'est jamais distrait, toujours à l'affût, il ne s'endort pas mais se tient en retrait).

[herbe-au-verre]

Des gamins lancent des cailloux dans les vitrines, pour en faire tomber des sucres d'orge – le jardinier adventice, la nuit, la couture de ses poches au bord de la rupture, lance ses galets contre la vitre des serres, afin d'ouvrir un passage aux lianes, aux cactus, aux philodendrons, aux lierres grimpants, à des chimères hybrides de vignes vierges et de plantes carnivores, ou greffes de cactées sur glycines – qui n'attendent que cette occasion, un trou d'air, pour se faire la belle et envahir un coin de ville.

Naïf : je prenais les grandes serres pour la galerie des Glaces, ou bien pour des hammams dans lesquels, au lieu d'orchidées sauvages et de pièges-de-Vénus, j'aurais pu voir le dos des femmes nues, tout juste drapées dans une serviette éponge, marchant sur la pointe de leurs tongs ou assises sur des caillebotis – allongées sur le dos, de l'eau dans le creux du nombril évoquant la rosée recueillie dans une feuille d'astrophytum capricorne (une vision brève n'empêche pas de se concentrer sur de tels détails ; le véritable amoureux, toutes paupières ouvertes, doit au contraire agir comme Galilée qui rajoutait par excès de zèle des cratères sur la face visible de la lune, dans l'urgence, patiemment – des reliefs à qui certains disciples ont su donner un nom sans vérifier leurs sources). Serre-palais des Glaces (à cause des reflets, des bals capiteux, des miroitements princiers), serre-hammam (à cause de la chaleur et de l'humidité artificiellement entretenues) ; j'ai pu confondre aussi, à l'âge tendre, les serres avec des marquises, des vérandas, des ateliers vitrés pour artistes peintres spécialisés dans le nu chaste. Enfin les serres elles-mêmes : je m'y suis rendu par devoir, j'en suis devenu un habitué par la force des choses, un fidèle, je m'y suis laissé enfermer comme d'autres dans un grand magasin afin d'y être dépassé par l'abondance ; j'y ai passé des nuits étouffantes sans doute semblables aux climats des bayous, aux marais du grand sud pleins de cris et de moustiques (d'ancestrales combinaisons, de généalogies criminelles) ; j'y ai dormi en suffoquant, un gardénia dans la gorge ; en catimini j'ai volé des boutures, j'ai mutilé sans scrupule (leur vigueur corrige tous mes crimes) des caoutchoucs, des hévéas et des agaves ; j'ai profité de ma solitude, de la proximité des euphorbes ; avec la minutie incisive d'un exciseur, j'ai recueilli le stigmate ou le style, la sève ou le latex (sève ou latex : dans cette obscurité trempée, difficile de démêler le vrai du faux, le sucré du salé, l'humeur générale étant au syncrétisme) ; j'ai chapardé les fruits d'une plante carnivore afin de les replanter pour mon propre compte (dans ma salle de bains sacrifiée pour la cause, convertie en jardin d'hiver) et faire pousser sur mon balcon un extrait de cet enfer vert en profitant du nouveau printemps.

[princesse-de-la-nuit, reine-de-la-nuit]

Je passe des nuits sous les serres où l'on m'enferme sans se soucier de mon âge qui pourrait me rendre sensible aux grandes chaleurs, allergique aux poussières qui retombent des arbres ; je passe des nuits en bras de chemise et sous cette lumière artificielle qui me rappelle immanquablement les néons des archives. Dans cette demi-pénombre, avant de me livrer à mon jardinage clandestin, je m'offre quelques récréations, parmi les pièges-de-Vénus et les tasses-à-singes qui paraissent attendre le cadavre d'un insecte ou, s'il est question non plus de pièges mais de sabots, la semence dont il est porteur – le calice des fleurs, ici plus que partout ailleurs, est péremptoire invagination.

Dans l'ombre, dans cette lueur qui ne perce pas l'humidité, renonce à se frayer un chemin entre les palmes (voilà le genre de lyrisme auquel la serre chaude condamne ceux qu'elle piège), un jardinier solitaire, à demi nu et motivé par une ambition supérieure (croître et multiplier), peut succomber à

57

la tentation de féconder, à la place des insectes, abrutis de chaleur ou ivres du pollen qu'ils ont déjà consommé, les orchidées parmi les plus tentantes. Féconder une orchidée ? se frotter aux cactus (langue-du-diable) ou aux plantes carnivores ? ou bien se laisser volontairement tromper par le fantastique, baroque mais bouffe, naturel et bon marché, que composent les fleurs exotiques ? Le jardinier qui se laisse enfermer dans les serres pour y commettre ses chapardages accepte de jouer, sous la verrière et au milieu d'un feulement muet, le rôle du spectateur trompé par une série conjointe, systématique, de leurres.

[**franquette**]

Chez les particuliers : de la même façon qu'il confiera pour mieux les disperser une partie de ses plantes, en été, au motif de s'en remettre à des voisins serviables (millénariste ou séditieux, le misanthrope doit savoir appliquer jusqu'à l'excès le principe de bon voisinage, et l'esprit de fraternité : devenir par nécessité le voisin, plus proche voisin, d'un bon millier d'inconnus situés à l'autre bout du monde), le jardinier peut s'emparer (prendre possession : le terme est plus juste, il fait des daphnés des Sabines) d'une plante, un palmier ou un cyclamen, et la ramener dans ses appartements sous prétexte de l'arroser quand viendront les chaleurs du mois d'août et les grandes migrations ; de ces otages, il fera un butin, qu'il multiplie par bouturages, avant de les rendre, presque intacts.

[**cheveu-de-Vénus**]

La dame-d'onze-heures : pendant longtemps j'en ai ignoré la forme, l'aspect même de son visage ; aperçue seulement par la porte entrouverte si, par hasard, je traversais le palier quand elle rentrait ses commissions ou quand son tanneur de frère rejoignait ses appartements après son dernier pli – ou de retour de bistrot, de croisade. Par cette meurtrière, dans le cadre très étroit de cette porte aussitôt refermée, je ne relève qu'un morceau de tablier, une robe tombant jusqu'aux chevilles, au-dessus de la tête une forme massive évoquant le chignon de celles qui ont fait vœu de ne plus se couper les cheveux, ni même les laver ; le tout enveloppé dans cette odeur de soupe ou de tisane ou de lessive prenant la forme d'une unique vapeur d'eau – (l'odeur de loin évoque les familles heureuses, paisibles faute d'être heureuses).

[veilleuse]

Le tanneur distribue les cartes : ses jeux préférés sont pour moi les plus obscurs, ou dépourvus de sens. Pour lutter contre l'ennui, et donner le change, je me force à penser que le trèfle, parmi les quatre couleurs, ce trèfle qui sert parfois d'atout, est de la famille des lotier, farouch, ményanthe, dont je sème la graine à tous vents.

[petit poivre]

Malgré l'étendue de sa fronde, le jardinier doit savoir s'entourer de petits alliés, à la fois fantassins légers, porte-parole, éclaireurs, espions furtifs délégués en avant-garde, ou hérauts à la *Henry V* venus, entre deux batailles, parler de paix sous forme d'ultimatum ou de poèmes en prose. Tout cela à la fois, piétaille et saboteurs discrets, presque invisibles, dont l'uniforme est celui des coursiers ordinaires, de groom accordés au goût du jour, débarrassés de leurs plus brillants boutons :

telles seront ses troupes, telle sera son infanterie clairsemée et timide : une légion de livreurs de fleurs. Auprès de toutes les agences, auprès des fleuristes, petites boutiques ou grands réseaux à succursales, le jardinier ira lever ses troupes, en soudoyant les employés ; aux livreurs de fleurs, il offrira des salaires conséquents, rachètera, en même temps que leurs carnets d'adresses, leurs camionnettes ou leurs tricycles.

Encore une fois : le jardinier aurait nécessairement besoin de fonds exceptionnels pour mener à bien une Apocalypse digne de ce nom : des finances dignes des grands travaux, des pyramides, tout l'argent d'une major de Hollywood capable de s'offrir à la fois Liz Taylor *et* Cléopâtre. Cependant, puisque l'argent lui fait défaut, pots-de-vin, pourboires, salaires alléchants sont à leur tour absents de ses négociations ; nécessité oblige, ses entretiens d'embauche prendront la forme d'un rapt, d'un enlèvement. Si j'avais la poigne d'un Héraclès, l'intelligence athlétique et hypnotique d'Alcibiade, celle de Fantômas – si, de Zeus, j'avais les caprices et l'entregent – je pourrais kidnapper des livreurs de roses, ou d'ancolies, ou d'azalées, messagers aussitôt disparus, je les attirerais comme un imprésario piège des gourgandines en leur parlant d'Olympia ; ou les enivrerais à la manière des recruteurs collant des galons à des blancs-becs. Mystérieux, intriguant, je pourrais également inviter ces livreurs chez moi, en passant commande ; je me contenterais d'un coup de téléphone pour faire livrer, quelle que soit l'heure, à mon adresse, et à mon nom (cette passion égotique, cet hommage narcissique, dissimule des manigances ouvertes sur le monde) des myosotis ou d'autres fleurs des champs ; il me suffirait d'attendre, sans impatience, entre onze heures et minuit ; il s'agirait d'être calme, de tirer sa sérénité d'une robe de chambre enfilée pour l'occasion ou d'une cigarette capable de durer jusqu'à l'aube ; il me suffirait de l'accueillir, lui ou son bouquet plus grand d'une tête, de l'attirer à l'intérieur sous prétexte de pourboires – puis de fermer la porte, de tirer le verrou, d'emprisonner ma proie pour mettre un terme à mon affût.

Pour enlever un livreur de fleurs, rien de plus simple que de passer commande, d'amener ensuite mes proies à rallier ma cause – cependant pour rendre crédible toute la scène, il faut que mon deux-pièces prenne une envergure plus épique, que mon salon (ou ma chambre) adopte les dimensions d'une galerie des Glaces, il faut que toute ma demeure soit vaste, qu'une porte cochère s'ouvre sur un grand hall où des palmiers en pots mesurent le vide et la hauteur sous plafond, il faut que des tapis tirent de longues perspectives et qu'un double escalier se perde dans les étages ; il faut que mon fauteuil soit profond et que la robe de chambre dans laquelle je me drape comme dans une feuille de bananier traîne jusqu'au sol, balaye un parquet à points de Hongrie, me serve tour à tour de rideau et de nappe – il faut enfin que le petit porteur, quel que soit le volume de son bouquet, se sente avalé par le cadre, étourdi par les dimensions, toutes exagérées, prenne conscience de la démesure en même temps que du ridicule de sa situation – avant de tomber dans ma gentilhommière comme dans la redoute de Barbe-Bleue.

Hélas : mon appartement est trop petit pour prétendre aux

fantasmagories, on ne distribue plus de journaux à l'aube, les livreurs de fleurs se font rares, les camionnettes des laitiers ont disparu, les petits télégraphistes ont été remplacés par des messagers d'un autre type, mal dégrossis, et porteurs seulement de galettes arides, passées au rouge, réchauffées au gaz, cachant mal leur fadeur sous des câpres au vinaigre, maintenues tièdes par le moteur des pétrolettes.

[ivraie à fleurs nombreuses]
Les fleuristes dévoyés : le jardinier doit pouvoir s'en servir pour faire livrer chez des particuliers ou des particulières, non pas des roses blanches ou des boutons-d'or rouges (ils existent : la Fin des Temps, qui accouple aisément joie et peine, est familière de l'oxymore), mais des orties, de préférence, de l'ambroisie, de la ciguë, de la bourrache ou du coton sauvage dont le pollen, toute l'année, provoque de l'asthme. Chez des inconnus, d'anciens voisins, d'anciens collègues, il fera porter des fleurs saxifrages, folle avoine, vulpin, pommier d'amour ou de Sodome ; ces adresses seront des points de chute, et chacun d'eux un camp de base, divers réduits d'où germera, en temps utile, sa forêt vierge.

[saxifrage musquée]
Jusque dans les salons, les hôtels, ma campagne trouvera sa place : elle sera représentée tantôt par ces cactus et ces euphorbes visibles de part et d'autre d'un hall d'entrée, ou du côté des ascenseurs, tantôt par l'unique œillet (ou l'hortensia : folie de la démesure) que certains beaux messieurs se fixent au revers (la force du stratège est d'être aussi visionnaire : capable d'envisager l'immensité d'après l'insignifiant).

[fusain à larges feuilles]

Les plans dont je m'occupe jusqu'à l'heure du dîner sont de très usés documents, rangés une fois pour toutes comme des rouleaux de papier peint, renvoyés à la poussière ou, pour une mort un peu plus glorieuse, à l'appétit des rats (mieux vaut la guerre des rongeurs qu'une agonie humiliante, dissoute dans l'humidité). Les plus vieux d'entre eux sont tracés à la plume, d'une main paresseuse qui prenait le temps d'attendre que l'encre sèche.

Les noms d'inconnus inscrits aux cadastres me font l'effet d'étrangers, d'imposteurs ; des étrangers qu'à force de lecture, tout de même, j'adopte, prends pour concitoyens, pour vieilles connaissances (quand, d'un registre à l'autre, d'une année sur l'autre, un nom disparaît, je suis sur le point de prendre le deuil). Certains matins (l'aube est conquérante) ces noms sont pour moi des grognards, incorporés à ma vaste campagne, qui m'obligent à me tenir devant les cadastres dépliés comme Bonaparte en pyjama Empire en face de ses propres plans.

Sous la pile des tracés monochromes, il arrive qu'un archiviste exhume des plans colorés, datant d'une époque où les relevés cadastraux étaient aussi des aquarelles : les cours d'eau bleu turquoise, le bâti en rouge – le rouge des sceaux – le reste, vignes, prairies, bois, cultures, et même marécages, chacun selon sa couleur (chaque fruit selon son espèce) : mauve, vert tendre, bouton d'or ou céladon.

(Au fin fond d'un bureau dépourvu de fenêtre : aveugle au monde, j'ai la chance de l'être aussi au reste de mes contemporains – ainsi reclus, bon gré mal gré, il y a bien longtemps que, sans vis-à-vis, je ne me suis pas perdu en récriminations – récriminer : c'était toute ma jeunesse, pour tout dire, jusqu'à hier.)

[crachat-de-lune]

Depuis ma salle de bains, je jouis d'une vue imprenable sur une cour intérieure, un puits commun où donnent les fenêtres des dix étages, celles des cuisines ou des toilettes, mais parfois aussi des chambres à coucher semblables à la mienne, un balcon ou une terrasse sur laquelle s'ouvre un salon – tout en bas, dans l'ombre, une dalle traversée par trois haies de buis, de berbéris ou de thuyas, selon ce que j'en devine d'un point de vue surélevé. Juché sur un tabouret, je me penche par le fenestron, je m'y engage s'il le faut jusqu'à la ceinture ; depuis ce poste je peux voir et compter (stratège, vigie) le nombre de balcons ou d'appuis et, sur ces balcons, accrochés aux balustrades, le nombre de bacs, de jardinières et de suspensions (basilic, bourdaine, bleuets). J'applique l'idée, ancienne déjà (1, Timothée, 6. 18), d'un pieux collectivisme – mais sans partage : je me rends maître des minuscules lopins de terre ainsi mis au service de ma cause, et presque à portée de main (une question de désignation : le pot de fleur d'un étranger, c'est un morceau de ma campagne).

Pour ensemencer la terre de ses voisines, de si loin, anonyme, sans quitter son poste, le jardinier peut lancer les graines à l'aide d'une catapulte, d'un élastique – ou à la main en comptant sur le hasard et le bon vent ; si le pot de fleur se tient à la verticale, juste en dessous de sa loge, on se contentera de laisser tomber sa graine : on ensemence comme par erreur ou négligence, en saupoudrant à la légère (on souille de la même façon le linge du dessous avec du tabac à priser). Quand la jardinière est trop éloignée, ou de biais, si elle présente une cible délicate, le planteur aura nécessairement recours au lance-pierres ou, de façon plus sophistiquée, à un pistolet factice, fusil à eau ou lance-fléchettes, jouet à ressorts rempli de semences au lieu de billes ou d'engrais au lieu de poivre. De toutes ces méthodes éprouvées, la plus efficace et, en dépit des apparences, la plus élégante, reste le crachat : la graine dans la bouche, dont la germination est initiée par la salive et la chaleur, crachée ensuite en direction du meilleur point de chute (chacun connaît le lancer de noyau de cerise), avec suffisamment de force pour qu'elle s'enfonce d'un bon centimètre.

Le dernier avantage de cette méthode est de donner au jardinier inséminateur, accoudé au perchoir, l'allure d'un homme ordinaire à sa fenêtre, stoïque tout en restant juge, impassible et vaguement spectateur, indifférent, ulcéré s'il le faut, sans bouger un sourcil mais exprimant de temps à autre son mépris ou son désamour par un crachat longuement ruminé.

[queue-de-rat, renoncule en faux]

Le geste du semeur : la mort, la peste, empruntent plus volontiers l'arme des faucheurs et son impressionnant arc de cercle ; mais je prétends qu'à l'image de cette mort faucheuse, chacun peut aisément substituer celle d'une mort semeuse ou pire, saupoudrante, usant de semence plutôt que d'acier.

En pleine nuit, la danse du semeur inquiète (tous ses gestes ordinaires, légitimes, prennent une tournure faustienne ou cabaliste dans l'obscurité, ne serait-ce qu'à cause de cette incertitude touchant au jour, à la date, mais aussi à cause des éclairages artificiels, toujours rasants pour ne pas dire rampants, dont le semeur clandestin a besoin pour agir et ensemencer, corriger les erreurs commises à tâtons), suscite des insomnies chez les riverains inquiets de voir, vaguement voir, un petit homme en ciré gris distribuer généreusement son sable en une chorégraphie comique d'éleveur de poules. Le jardinier de la mauvaise graine, pour une heure semeur de troubles, a de quoi répondre aux vigiles alertés, aux crieurs de haro : il retourne ses poches, il montre benoîtement les sachets de semence dont il vient de faire usage, il se contente de lire les noms de fleurs, de légumes ou de fines herbes que les petites enveloppes promettent – il lui suffit de parler d'échalote et de prèle pour rassurer son veilleur (s'il se montre habile, le jardinier peut même lui glisser dans la main un sachet encore intact, encore vierge, contenant une forêt sous la forme de poudre sèche).

Une semence pulvérulente : ainsi le botaniste graveleux est libre de prétendre user de perlimpinpin, puisque chacun ignore de quoi est constituée cette farine célèbre (coupée à force de passer de revendeur à revendeur ou de fabuliste à fabuliste, altérée comme les opiums modernes par dilutions successives dans du sucre ou du foin, autant d'excipients bâtards qui en constituent, peut-être, toute la force) ; puisque aussi tout le monde ignore l'étymologie de son nom. À la manière du compost, le perlimpinpin (le jardinier en use, tantôt comme d'une semence, tantôt comme d'un engrais, parfois même comme d'un désherbant) fait feu de tout bois et litière de toute chose, accepte toutes les définitions et toutes les hypothèses – pour ce qui le compose, les opinions se valent et les contraires s'annulent –, le perlimpinpin ordinaire, fabuleux, est un ersatz de panacée à propos duquel chaque avis trouve sa confirmation, son triomphe.

[cornifle submergé]

Au bord des autoroutes et des grands boulevards, je cultive de la garance, de la mauve et du mimosa. Pour l'arrosage un rien suffit (au commencement) : en ville, l'éclaboussure des autos roulant dans les flaques, ou bien, puisque mes plantes supportent l'ammoniac, la patte levée d'un épagneul. Mais je regrette le temps des pavés et des boues, le temps des égouts à l'air libre, des rigoles au milieu des ruelles, je regrette le temps où une ménagère, sans crier gare, ou en criant trop tard, jetait par sa fenêtre le contenu d'un vase (restes nocturnes) : autant d'eau grasse, engrais, fumure : du bienfait pour mon chiendent.

Un jardin d'une superficie toujours plus grande demande un arrosage plus conséquent : pour éviter d'avoir à promener mes arrosoirs depuis les vêpres jusqu'aux matines (traverser la ville une citerne sur l'épaule), je perce les gouttières afin de détourner les eaux de pluie. Bien sûr, pour rester discret, le jardinier millénariste mesure ses sabotages : un trou d'épingle dans le zinc d'un chêneau ou d'une descente pluviale, à hauteur des genoux, suffit pour faire perler des gouttes, dévier quelques centimètres cube d'eau pure qui ne seront pas perdus pour tout le monde (pas perdus, en tout cas, pour le liseron ou le pas-d'âne poussant à proximité). Lorsque sa campagne se généralise, si la forêt installée en pleine ville exige un appoint d'eau plus conséquent, le jardinier saura puiser sous la chaussée, dans les égouts principaux ou secondaires, cette eau riche en matières dont se nourrit sa mauvaise herbe ; une baguette de sourcier le conduira sans faute aux gisements les plus proches.

[**lin raide**]

Il m'arrive de jeter un œil sur ma voisine quand, à bout de patience, elle vient jusque dans ma cuisine tirer son frère de ses fausses réussites : un peignoir croisé sur la poitrine vaut pour tout décolleté ; quant au reste, j'imagine sa nudité d'après le linge qu'elle fait sécher sur son balcon (collants, chaussettes, bas, gaines, baleines et bretelles larges, du synthétique pris pour du satin, des blouses en guise de robes du soir). Sur le même fil, le linge du tanneur, maillots de corps et caleçons, s'égoutte au-dessus d'une jardinière – liquettes en berne, mais blanches : le drapeau de ceux qui capitulent, le chiffon blanc des redditions.

Je sais : les débardeurs sont des hommes forts, des Hercules de foire, et chacun de leurs muscles exhibe un tatouage – s'il m'est arrivé parfois d'appeler débardeur mon maigre voisin, mon adversaire discret, ce n'est pas à cause de sa taille, qui serait plutôt celle d'un huissier monté en graine, c'est à cause de ses maillots sans manches, échancrés sous l'épaule, portés hiver comme été, recouverts seulement pendant les plus grands froids d'un chandail uniforme, qu'il fera laver au mois de mai. Ce tricot séchant sur le balcon annonce le printemps, le retour de la sève.

[petite douve, grande douve]

Ma mutinerie ressemble à une promenade quotidienne : chaque jour, chaque matin, discret comme un voleur de pomme, innocent comme ces cambrioleurs persuadés que leurs larcins sont minuscules, presque honnêtes, justiciers, j'enfonce en sifflotant des berceuses un gland de chêne entre deux pans de mur, ou entre deux portes : le gland doit pouvoir tenir à son aise dans un espace étroit : les barbacanes, les meurtrières ou, le long d'une façade, ces rigoles aménagées pour l'écoulement des eaux appelées chantepleures, sont l'idéal : parce que la graine s'y tient à l'abri, hors de vue, abreuvée en permanence, et que ces niches sont creusées comme l'amorce d'une lézarde, d'une faille par où tout finira par se déliter.

[arbre de soie]

Il ne se cantonne pas aux rues et aux espaces publics, ouverts à tous les courants : le semeur de mauvaise graine doit au besoin fréquenter les intérieurs douillets, les couloirs des hôtels tapissés d'une bonne épaisseur de moquette ; par nature ou par habitude, sans doute parce qu'il s'est familiarisé avec les gazons, les tapis de pâquerettes, les matelas de mousses ou le confort presque spongieux des sous-bois, il occupera de préférence les bureaux molletonnés, plutôt que ceux, modernes, pragmatiques et voués à l'utile en dépit du bien-être, plaqués de vitres ou couverts d'un vernis que rien ne pénètre. Son goût pour l'étoffe et l'abandon chaleureux, luxurieux, qu'elle évoque, l'amène à varier ses techniques : pour ensemencer en douceur, il glisse une graine ou un bulbe sous les couvertures, sous les tapisseries, sous les coussins des salles d'attente : fauteuils maintenus à température par tous ceux qui y prennent place (partant du principe que leur patience se transforme – loi d'entropie – en chaleur ; incidemment en forêt vierge).

[saxifrage intermédiaire]

À l'extérieur, le jardinier apocalyptique emploie des herbes rases, solides, résistant au froid et aux vents, des toundras coriaces ou les franges les plus austères des maquis, des chardons cueillis sur des plateaux désertiques et plutôt mal famés. Pour l'intérieur, il débauche des plantes ornementales, les croise si possible avec de la mauvaise herbe, greffe le chardon sur le fuchsia, la misère sur l'eucalyptus, coupe un forsythia de chou noir (si près de la Fin des Temps les accouplements contre nature sont véniels) ; il sait profiter des lianes et de leur capacité à vivre sans racines : à l'intention des entreprises ou des administrations, de leurs couloirs à thermostats d'ambiance mais aux climatisations parfois toxiques, et à cause du climat délétère qui règne parfois dans ces abris (perturbés aussi par le moteur des photocopieuses), le jardinier mobilisera de longs et solides philodendrons, à cause de leurs interminables tiges et de leurs grandes feuilles échancrées : compagnon idéal du cadre et de la secrétaire puisque, comme lui, il n'exige pas beaucoup de lumière et, comme elle, il s'épanouit dans un local chauffé à la température

constante de dix-huit degrés. Ses racines aériennes vivront là-
dedans d'air pur – à proprement parler de l'humidité de l'air,
qu'elles aspirent au moyen de radicelles à peine visibles sur la
tige; des radicelles que les experts comptables, s'ils mettent
le nez dessus, prendront pour des sarments, des barbules ou
des cotillons.

Pour ses jardins cultivés à l'abri des murs et des vitrages,
l'horticulteur adventice profitera de l'hiver et des réveillons
successifs afin d'accrocher aux portes des colliers d'épineux,
sous prétexte de fêter les premières neiges et le nouvel an à
la manière des Scandinaves; au plafond l'ordinaire guirlande
de baies rouges et de baies blanches – aux feuilles dentées ou
aux feuilles rondes. Le jardinier les accroche en faisant mine
d'obéir à d'ancestrales coutumes, et des superstitions remontant au culte de Junon ou à l'instauration de la parité franc-
or; il les pend, puis les abandonne : il leur connaît suffisamment de ressource, presque d'ingratitude, pour se passer de
son aide, il sait qu'en son absence ses œuvres s'installent dans
l'indifférence, insolemment tombent dans l'oubli, profitent
de tous les cendriers pour prendre racine (de ceux que l'on
remplit de sable pour y enfouir des cigarettes, jusqu'au filtre)
– sauront plus tard trouver l'humidité sous le plâtre, détour-
neront la laine de verre pour en faire de l'humus, du provi-
soire, feront pénétrer leurs racines, par l'arrière, dans les vastes
armoires électriques distribuant un gobelet de café contre une
pièce de deux francs : s'y tiendront à demeure, abreuvés régulièrement par l'employé chargé d'alimenter la machine en eau
claire.

[ache rampante]

Semer sa première graine, puis attendre sa venue : observer pendant plusieurs jours la surface d'une terre rase, qu'on s'efforce d'arroser apparemment en vain : le jardinier sournois profite de cette heure où le plus gros de ses cultures se situe sous la surface et paraît agir en secret, comme l'effort de sape. S'il le pouvait – une façon d'unir par la greffe le lierre rampant et la taupe aveugle, ou la fleur saxifrage avec le lombric – s'il le pouvait, il créerait pour le jardin des Plantes, et afin de satisfaire les mauvais augures avides de nouveauté, un arbre entièrement horizontal – pur étalement – un arbre couché sans indignité, tout simplement pour confondre les botanistes, ou réaliser de son seul tronc ce vertige horizontal dont jusqu'à présent la pampa seule s'est montrée capable – (un arbre de tout son long et sous la terre, vert pour autant, à l'horizontale mais qui se moque des symboles et de la glorieuse station debout : certains militaires, hors du rang, n'ayant qu'une idée approximative de l'honneur et ne connaissant de la dignité que le garde-à-vous, de la liberté que le quartier d'hiver, ou le repos des rangs, le mess des officiers, militaires préférant le clairon à l'aube, ont cru bon se faire enterrer debout : pour qu'ils se consument droits dans leurs bottes, sabre au clair s'ils le pouvaient, comme s'ils ignoraient que la position allongée n'est pas seulement celle du vaincu ou de la catin ou du moribond, mais celle du dormeur souverain ou du bienheureux voyant l'envers des feuilles – feignent d'ignorer (ou ignorent réellement : leur bêtise n'est pas un camouflage) que les carottes, les panais, eux aussi se tiennent en terre droits comme les colonnes trajanes sculptées dans le bronze des vaincus).

[coquesigrue]

Le jardinier doit être capable du pire et de la plus extravagante des agricultures, il doit être capable de greffer un pin sur un coquelicot (capable signifie pour l'occasion être prêt à tout, ne pas avoir froid aux yeux ni, d'ailleurs, peur du ridicule), un bonsaï sur un hévéa, un rosier sur une steppe – fatigué de jouer avec les plantes grimpantes, le lierre et les vignes vierges, il peut tenter quelques boutures incompatibles ou des greffes impossibles, comme de marier un palissandre à une passerelle d'acier, un sumac à un escalier en colimaçon : l'être mitigé issu de ce croisement, chimère mi-arbre mi-pierre, pourrait donner de la souplesse aux bâtiments, faire de la végétation autre chose qu'une aimable verdure.

Parce qu'il n'est pas un adepte du champ contre champ, des duels dos à dos ou face à face, mais de préférence porté sur l'oblique, sur la diagonale (dont il aimerait, avec l'appoint de glycines lévogyres et dextrogyres, se faire une spécialité, une façon de vivre, de fuir ou d'éviter en zigzaguant les coups du sort), le jardinier adventice et son jardin avancent en crabe, et si l'horticulteur se fend d'une greffe, il s'agira presque infailliblement d'une approche par le côté. Il peut adopter, en d'autres circonstances, outre cette greffe de profil, la greffe anglaise simple, la greffe anglaise compliquée et la greffe anglaise à cheval : son paysage, ainsi composé, adoptera à cause de ces greffes ou à cause de leurs noms la noblesse d'un Constable, d'un Gainsborough. De tels accouplements feraient figure d'analogies.

[Pater-noster]

Pour avoir en vain cherché le mode d'emploi idéal, une clef digne des grimoires, à la fois formule magique, abracadabras tirés d'anciennes centuries et technique de sabotage ordinaire, pour avoir lu les Écritures en commençant par l'épilogue, histoire de prendre de court l'auteur de toute chose, pour avoir ouvert la Bible à sa fin comme un lecteur impatient le fait d'un livre en vue d'en déloger l'assassin et de tuer l'incertitude, pour avoir cherché dans les pages ultimes de l'Apocalypse un mot, un trait, la phrase à moi seul destinée, un verset qui ne serait pas seulement une allégorie de bête à sept fronts ou de cieux entrouverts, mais un conseil à un amateur, un truc à l'usage des autodidactes, de quoi anticiper la Fin des Temps, pour avoir feuilleté à rebours les Évangiles sans y trouver l'inspiration, je me vois contraint de lire presque exhaustivement le Livre (j'évite par paresse, à tort certainement, les longues pages du Lévitique), depuis le découvrement de Jean à Patmos jusqu'aux commencements hébreux, au voisinage d'eau dormante, de tohu-bohu, d'esprit flottant à la surface des mers.

Inutile de lire l'Apocalypse comme une technique du coup d'État, ni même comme un rosaire au service de ceux dont l'humble ambition (une ambition de mousse, de marmiton, de frère convers) est d'anticiper la fin dernière. Pour qui espère des recettes, pour un jardinier qui voit dans l'herbe ou l'arbre, l'outil, l'acteur, le messie et l'Antéchrist d'un millénarisme définitif – si possible laïc – l'œuvre de Jean est en partie décevante : on n'y trouve ni bouture, ni paillis, ni terreau, ni taillage, ni bouillie bordelaise. Je n'y ai trouvé par exemple aucun champignon, sauf erreur : il semble qu'à Patmos, sous un climat bien trop sec, bien trop ensoleillé, plutôt favorable au piment et à la datte, au ricin et aux herbes grasses aussitôt broutées par le peu de chèvres que l'on croise, Jean méconnaît l'amanite phalloïde comme le bolet blafard, la lentille d'eau ou la fougère. Faute d'y relever une flore satisfaisante, une flore de mauvais augure, le jardinier se contente de celle qu'il imagine : le piment ? châtiment par le feu, préfiguration des brûlures de saint Antoine ; la datte ? maigre consolation, oasis par métonymie, disparue aussitôt avalée, dont il ne subsiste bientôt qu'un noyau, et le néant inscrit sur sa corne ; le ricin ? punition drastique, rappel de l'ordure dans quoi retombe toujours la créature ; l'herbe grasse ? maigre reliquat d'une manne dont plus un exilé ne se souvient.

[herbe-à-éternuer]

Faussement indifférent à tout ce qui se trame, avec lui ou sans lui (pour se croire maître des événements il faut sans doute frustrer sa curiosité), le jardinier procède à ses premières constatations : voit la chaussée soulevée à la périphérie des platanes, des murs ébranlés par le sceau-de-Salomon, des guérites envahies de fumeterre, des rues livrées à l'épilobe, un terrain de golf en faillite (son green navré par le persil-des-fous) – des cheminées d'où pendent des lianes ramenées du Brésil et que personne (pas même moi peut-être) n'estimait pouvoir acclimater au vent du Nord.

Que le jardinier se rassure : en temps ordinaire seul un acharnement de tous les instants empêche la ville de sombrer sous les arbres – et, sinon les arbres, les fougères, les mousses, les pissenlits, l'herbe-aux-gueux et la rue fétide. Seul un aveuglement tout aussi permanent permet d'oublier que, tous les ans, dans nos murs, vingt-sept mille grains de pollen de toutes espèces se déposent sur un seul centimètre carré.

[sarrasin de Tartarie]

Aux yeux du jardinier en campagne, le lierre grimpant sera une armée des ombres ; les champignons de couche, les agarics capables de soulever le sol et crever le goudron, lui seront des auxiliaires sournois, fomenteront d'impossibles mutineries ne perdant rien pour attendre ; séquoia et baobab feront, eux, figure de généraux, de shoguns d'autant plus craints qu'ils sont visibles et reconnus, et fondent leur survie sur la hauteur des sommités ; les orties joueront le rôle de résistance passive ; les glycines et les volubilis seront, à leur manière, des Mata Hari dont les jeux de hanche et les hypo-thétiques danses du ventre seraient capables de faire un tour complet, d'entamer s'il le faut plusieurs révolutions succes-sives autour d'un même tuteur ; les cactus lui apparaîtront comme une version naturelle, spontanée, du barbelé – érigés à contre jour, à cause des ombres, ils pourront remplir les mêmes offices, les mêmes basses œuvres, que les pals dressés aux abords des villes qu'il est bon de mettre au pas : simples pieux vacants pour ultime menace (parce qu'il suppose une place à prendre, un gibet libre ou un pal nu terrorise davan-tage qu'un gibet occupé, voilà pourquoi, disait un émule amoindri de Machiavel, il est bon de temps à autre pour le prince de décrocher ses pendus : cette magnanimité vaut mieux qu'une expédition punitive) ; les nénuphars, presque amphibies, et le lichen, presque mort, seront présents pour rappeler que le végétal s'accommode de toutes circonstances, de tous les milieux et de toute forme de vie.

L'arsenal du jardinier (si je me résous à nommer ainsi mon herbier, ma botanique, si j'accepte de confondre une fois de plus apocalypse et mutinerie) sera ainsi constitué d'espèces étrangères l'une à l'autre, tout comme l'armement des modernes va du parapluie nucléaire à la bille de chevrotine ; par souci de diversité, sa campagne eschatologique saura recruter une légion particulière qui s'énumère ainsi : Reine de Mai, Gloire de Nantes, Suzan, Hilde, Santa Anna, Armanda, Blonde de Paris, Ondine, Laura, Fluvia et la Blonde Paresseuse. Troupe d'Amazones ? de femmes viragos ? prostituées repenties se servant du fouet autrement que pour la bagatelle ? légion de onze mille vierges défilant pour le quatorze juillet ? obscurs agents ? artificières infiltrant le monde forain ? ou caravelles d'une invincible armada ? Non : tous ces noms désignent des laitues, simples laitues (simples mais miennes), malicieuses laitues, qui n'attendent que la première pluie pour monter.

Parmi ses alliés, ses fleurs de prédilection, le jardinier compte aussi le mimosa pudique (il se rétracte au moindre contact) et le sainfoin oscillant. Toute flore emménagogue saura par ailleurs lui donner mauvaise réputation, anticipera symboliquement les avortons de la Grande Semaine.

[épi]

Une boule de gui, résolument (parce qu'obéissant aux lois de sa nature : le gui est un parasite qui se nourrit de son

commensal, et dure), prend un commissariat pour support
(et son antenne somptuaire pour tuteur) : le jardinier amateur que je suis l'avait fixé là pour qu'il embellisse une architecture un peu terne, trop grise, pour qu'il la ridiculise avec
ses airs de fêtes ou de quinzaine marchande ; au-delà de toute
espérance, voilà mon gui pétulant, métastase de perles âcres et
bouquets de feuilles touffues aux allures de mâche : il prolifère de jour en jour sans même que j'aie la peine de venir
l'arroser, le défendre des parasites, des cherche-midi ou des
chrisopes (c'est une chance, je me voyais mal franchir le mur
d'enceinte, piolet à la ceinture, et grimper toutes les nuits
sur le toit pour arroser d'insecticide mon bouquet blan-
châtre : une seule nuit d'audace m'a suffi pour accrocher le
gui à la corniche, une seule nuit au cours de laquelle je me
suis pris pour Cyrano retombé de la lune, jouant les funam-
bules, les matamores).

[trèfle étouffé, vieux-garçon]
Je passe maintenant mes soirées, et bientôt l'essentiel de
mes nuits, à cuisiner du compost − terreau de feuille, lombric, fumier mûr, tonte de gazon, paille, foin, fibre de coco,
sciure − à chaud et à froid, haché patiemment, brassé comme
si c'était de la meilleure bière, et surveillé avec amour.

Le temps m'est précieux (voici ma seule richesse) : je dois
choisir entre mes jardins bientôt universels (répandus comme
des rumeurs − à la même vitesse et de façon aussi étale) et
les parties de cartes muettes, accomplies en double aveugle, en
compagnie de mon voisin. Je me vois dans l'obligation de le
raccompagner une fois pour toutes ; avant ça de lui faire replier

mon tapis, ranger son paquet sans prendre la peine de le classer dans l'ordre ; je dois faire tourner court un chelem ou un poker menteur (ces parties où mon silence passe pour du bluff).

Avec précaution, j'explique à mon adversaire que les célibataires dans mon genre se font un devoir de livrer leurs corps et leurs âmes à des occupations minutieuses et vaines, apparemment dépourvues de panache comme de résolution ; les plus patients d'entre eux s'amourachent de ténébrions, des insectes noirs, mats, et pas plus grands qu'une baie de coriandre, des bestioles dont ils usent comme d'un point, en faisant de ce point l'amour de leur vie. Je refuse d'entrer dans les détails ; je ne lui dévoile ni les campagnes, ni les savanes que je fomente, en ce moment même, dans les quartiers des alentours ; je ne cite ni les caoutchoucs, ni les hévéas, ni les palmiers ; je le renvoie simplement à ses cartes, à leurs hiérarchies, à ses points comptés à l'aide de haricots (ils démontrent presque algébriquement la médiocrité de ses gains) ; je l'aménage finalement en lui faisant l'éloge de sa compagnie, de son jeu, de son amitié sèche, de son adversité même ; je me livre à un généreux dithyrambe (un soliloque) au cours duquel j'élève au rang de bienfaits sa belote et sa manille, ses réussites pendant lesquelles il triche pour se croire sous une bonne étoile, ses patiences qui me font perdre mon temps et, surtout, sa cartomancie d'arrière-boutique – (mon voisin : oraculaire comme un joueur de belote, prophète comme un parieur au turf, porté sur des arcanes et sur un avenir comme ceux qui misent cinq francs sur le plus mauvais cheval, car il rapporte davantage).

Il rassemble enfin ses cartes (ce qui dans son cas signifie au revoir), n'en perd aucune, secoue le torchon comme s'il voulait solder ses comptes et, sans rallumer la cigarette qu'il suçote plus qu'il ne fume, il se laisse guider vers la porte, avant les onze heures habituelles. Mais il ne se contente pas de cet adieu formel, sans dommages, presque lâche (j'atténue la rupture avec des promesses de retrouvailles, d'autant moins crues qu'elles sont précises) ; mon voisin, dans le couloir, dans sa coulisse, rumine son renvoi, ou une vengeance, prépare la réplique du congédié : un rien plus tard, il revient à la charge ; sans exiger pour cette séance le chiffon sec étalé d'habitude, il me fait sur la table l'offrande d'une dernière prophétie : il manipule pour moi son tarot pour une série de prophéties qui, tournant à l'aigre, se convertissent sans beaucoup de nuance en simples malédictions (difficile, ce soir-là, de distinguer où finit l'oracle et où débutent les imprécations, les sortilèges et les insultes déguisées en formules sibyllines : cette nuit-là, en quelques minutes abrégées, l'unique mauvais sort infligé par mon voisin compense toutes les belles promesses, les mariages ou les amours bercées inventées ou prévues par les voyantes des fêtes foraines) – pour que la pique soit parfaite, et l'affront infligé cul sec, il se livre à sa cartomancie en déposant une seule carte sur la toile cirée : qu'il tourne et retourne au gré de ses improvisations en faisant mine, à chaque reprise, d'éprouver un étonnement neuf et vif, mais grimaçant – (cette carte retournée est un valet de trèfle, je n'y ai vu aucun hasard).

(Rentre définitivement chez lui, frotte le fond de ses mules contre son paillasson ; d'un geste colérique, peut-être, mais fatigué, il ferme la porte derrière lui – je l'ai entendue claquer quelques minutes plus tard.)

[poire Jeanne d'Arc, fléchière]

Le jardinier se convertit parfois en archer : il suffit de peu de chose pour transformer un fusil de chasse en seringue hypodermique (ou une longue vue en carabine) ; il suffit d'encore moins d'effort pour faire d'une arbalète – même d'occasion, même au ressort rouillé, même capable de me pincer les doigts quatre fois sur cinq – un plantoir émérite : la semence à la pointe du carreau, la flèche tendue vers le gazon pris pour terre promise, par-dessus les enceintes ou à travers les grilles, depuis un fenestron, un œil-de-bœuf pas plus gros qu'un hublot mais plus serré que la lunette d'une guillotine, à travers une manche à air ou le coude d'une gouttière : de cette façon, le jardinier archer fiche sa graine de loin dans n'importe quel bosquet interdit, fait mouche à chaque fois, vise le noir des cibles, y compris dans les parterres privés.

[herbe-à-mille-trous]

Labours : la terre sous la ville ne manque pas (que certains proverbes adolescents et d'ailleurs approximatifs métamorphosent en plage sous les pavements). Protégée par cinq ou six épaisseurs d'ouvrages, sédimentées à la mode des tranches napolitaines – sable, gravier, pierraille, dalles et bitume, l'étrange coaltar de l'ingénieur Mc Adam ou le goudron qui redevient avec l'été boue adhérente, couleur d'humus (informe et vide comme l'horizon de la Genèse), cathédrales de remblais accumulées sur plusieurs mètres – recouverte par tout ce qui se tient debout intra-muros, immeubles et baraques de chantiers, repose une terre riche en calcaire, en argile, en limon, en phosphore et en manganèse, terre jusqu'ici renfermée que peuplent les vers gris et des insectes fouisseurs – peu de taupes, pas de furets, quelques surmulots échappés des conduites secondaires. Le laboureur n'aura qu'à se pencher pour se servir, s'agenouiller pour que ses vœux s'exaucent, embrasser le sol comme le pontife à chaque aéroport afin de retrouver, sous un couvercle somme toute dérisoire, un terreau vierge à sa disposition. Quand il n'entretient pas sa campagne à même les jardins de la ville (ils offrent l'avantage de se tenir à ciel ouvert, et d'être protégés par les insecticides – l'inconvénient d'être tenus au respect, surveillés par des centuries de jardiniers municipaux traitant la mauvaise herbe comme le gendarme le hooligan) ou dans des pots de fleurs, les petits potagers, les treilles, entretenus par des particuliers (ils offrent l'avantage d'être discrets, multiples – l'inconvénient d'être périssables, réduits à néant par un chien ou d'autres minuscules vandalismes), le laboureur envisagera le cas échéant de remuer le sous-sol – alors voit s'ouvrir sous ses pieds, sinon des mondes possibles, un butin recelé de pleins et de vides, et par boisseaux de la terre franche.

Terre riche (calcaire, argile, ou potasse, restes de débris animaux – et l'appoint des eaux grasses débordant d'un chenal) qui, semble-t-il, n'attend que l'heure de voir enfin le jour avec l'impatience claustrophobe du génie d'Aladin ; fonds que découvre le premier semeur venu à peine a-t-il soulevé une pierre tombale – terre riche, cependant asphyxiée, tassée par des siècles d'urbanisme opiniâtre et par le poids des étages, les mouvements pendulaires, compressée par des politiques de voirie s'entassant l'une sur l'autre, puisqu'une municipalité chasse une municipalité et qu'une philosophie urbaine remplace la précédente, la couvre sans jamais l'anéantir. Il est nécessaire alors de remuer cette marne dure comme un nougat, s'y mettre à la pelle et à la pioche ou, plus discrètement (puisqu'on ne saurait, en pleine ville, disposer d'instruments agricoles sans exciter la curiosité des maréchaussées) à l'aide de bâtons de ski, de diables empruntés aux forts des halles, de crics, de cannes, de crosses ou de tournebroches.

Un plus profond travail (si jamais il abandonnait l'apocalypse, menée en solitaire, à la mode du piéton, pour un sacerdoce approfondi exigeant des complicités et une organisation digne des grandes sectes millénaristes – satanistes ou, au contraire, adoratrices d'un avatar lunaire) : pour labourer plus profondément et sur une plus grande échelle, il suffit au jardinier de faire entreprendre de grands travaux, d'engager le percement de tunnels ; il suffit de proposer à la ville toujours avide de modernisme caduc l'implant de fibres miraculeuses et translucides sous six pieds de terre – puis, sous un prétexte ou sous un autre, d'interrompre les travaux, mener une campagne en compagnie des riverains et des écologues pour stopper les foreuses – il prétendra défendre la fragilité des sols ou l'élégance des vieux quartiers ; il pourra même imaginer de toute pièce (os par os, documents à l'appui) un ancien cimetière juif, un ossuaire chrétien – un temple dédié à Éleusis –, à l'endroit précis où la commune projette un stade omni-sports ; il devra rendre odieuse la moindre excavation.

Pour ses travaux : si tout cela ne suffit pas, le laboureur se prétendra orphelin, fils naturel de toute une génération sacrifiée d'anciens combattants ; il exigera des exhumations, et qu'à cette occasion les pompes funèbres retournent les morts pour y retrouver un géniteur à son image, qu'un expert déniche un génome dans la charogne : sous prétexte de se chercher une famille, ou un héritage de linceul crevé, de dents en or et de prothèses perdues, il fera remuer, plutôt que ciel et terre, le sol des fosses communes, il saura profiter des enquêtes vaguement profanatrices, du labourage qu'elles supposent, pour planter, à son tour, des graines de pissenlit, de réglisse et de frangipanier.

[herbe-à-ouate]

Pour reconstituer dans le cours de mon apocalypse végétale ce silence d'environ une demi-heure relevé par Jean de Patmos, il me faudrait ruser, trahir la lettre : je serais obligé d'adapter le mutisme soudain et terrible à la réalité de mes cultures : contrairement à ce que pourrait supposer le profane (celui pour qui une glycine est décorative, une marguerite innocente et les potirons patelins) la botanique est sonore, la vie végétative n'est pas une immobilité de coucourde, de chou pommé, ni l'aphasie des champignons, des saints ou des idiots ; une botanique insurgée (ou millénariste) ne se caractérise pas seulement par son silence ou par l'attentisme des pelouses ou des steppes miraculeusement protégées du vent ; les forêts ne sont pas des infusions de racines, les champs ne sont pas d'aimables mouvements de houle, des vagues d'avoine, toute une pastorale de houblons et de blé, à l'image d'une agriculture prospère, pour une paysannerie de plaisance, en culotte de velours. Non : la botanique apocalyptique se voudra naturellement ou artificiellement brinquebalante, explosive : le vent n'explique pas tous les hurlements, ni les mouettes rieuses passant indifféremment d'une plaine à un tas d'ordures ; il faut compter aussi sur les singes hurleurs chargés d'agiter les hautes cimes afin de donner sons et mouvements au forêts, le bruit des branches, celui des fruits ou de leurs chutes, ces cris attribués aux mandragores, poussés lorsque le couteau tranche. Le silence, dans le milieu qu'un jardinier fomente herbe à herbe – un silence dérangé sans répits par les perroquets, les pies, les reinettes, les pics-verts et le brame –, ne se décrète pas d'un simple claquement de doigts.

Convertir le silence d'environ une demi-heure, mais en quoi ? en mousses spongieuses ? en chape de plomb qui serait une frondaison pesante, un sous-bois étouffant ? en tapis de truffes blanches et noires pour amortir les pas, conférant aux passants, aux marcheurs pressés, une grâce de cinéma muet ? en sphaignes prospérant sur leurs propres ordures ? en champs de coton, ou en balles de la même étoffe ? en tonnes de lin sauvage dispersé par le vent sur la ville, obstruant chaque rue plus efficacement que les barricades faites de vide-grenier ? en pluie de pétales ? en baies sauvages, dangereuses, que le jardinier, fruitier louvoyant, ferait passer pour des groseilles ?

[herbe-mal-tête]
Le jardinier, bien sûr, s'arroge des pouvoirs, usurpe les

propriétés, envahit des terrains, fait pousser son herbe là où ne se tiennent que le ballast et le mâchefer – mais il doit savoir aussi réquisitionner un ancien patrimoine et, mauvaise herbe pour mauvaise herbe, tirer profit de toutes les pelouses, des charmilles et des potagers qu'il trouvera sur sa route. Il pourra par exemple s'approprier le cœur d'un parc à la Française : un labyrinthe de haies rases et de buissons taillés, de fusains ou de sureaux, infranchissable et par moments capiteux (il fait tourner la tête de celui qui s'y perd) ; il fera tout pour que les haies, si elles ne dépassent pas la taille d'une poussette ou d'un nain de cour, s'élèvent au-dessus des regards, dissimulent définitivement les perspectives, l'espoir de toute issue – mais, mieux que la hauteur des haies (au fond, elle compte peu, et l'horticulture vengeresse, si elle veut maintenir l'illusion le plus longtemps possible, pourrait se contenter de tailler les buis à hauteur d'œil, ou de poitrine, ou de ceinture : une haie si bien mesurée que les promeneurs piégés auraient jusqu'à la fin le sentiment de se livrer à une promenade, jouir de leur liberté et d'une belle ligne de fuite), le jardinier développera le labyrinthe, l'agrandira au moyen de boutures et de marcottages ; d'un labyrinthe décoratif, aimable, plaisantin, aussi bas qu'une levrette, décoration de parc à la Le Nôtre prévue pour des colin-maillards entre gens du même linge, il fera l'embryon jusqu'ici infécondé, latent, d'un dédale sans limite, dédale proliférant, élargi, étalé, couvrant de jours en jours et de détours en détours tout l'espace disponible, par hypothèse la terre entière : un labyrinthe total, comprenant la ville même, sans concession ni retrait (pas un vide qu'il n'occupe, pas une rue qu'il ne s'annexe, pas une ligne droite ou un angle dont il ne fasse, par prévision, par conjecture, l'un de ses membres, l'un de ses couloirs ou l'un de ses sentiers) ; labyrinthe adventice et monstrueux, quoique tracé avec la rigueur des géomètres, dont le cœur d'origine, jardinet bien taillé, ne serait plus qu'un reliquat, le germe bientôt sacrifié. D'un petit labyrinthe, sage et décoratif, le jardinier tirera un lacis de ronces, aussi sauvage que domestique, dont les chemins à chaque pas buttent sur un obstacle, une impasse, et se détournent ; à force d'engrais et de tailles savantes, le jardinier fera de son dédale un chemin de pénitence où les amoureux adeptes de l'égarement du cœur et de l'esprit s'aperçoivent, se devinent, sans jamais pouvoir se rejoindre – s'appellent en vain – où les passants se perdent et où les verts galants, les fugitifs, trouvent un refuge au prix de leur propre disparition. Pour élargir jusqu'à l'absurde un labyrinthe déjà en place, le jardinier se contentera d'en extrapoler chaque trait, d'en prolonger le dessin jusqu'à perte de vue ; sur le papier d'abord, il se bornera à reprendre, là où ils se terminent, les contours, les sentiers ébauchés ; il se fera tailleur obéissant et dessinateur fruste, s'interdira toute fantaisie personnelle, comme si élaborer cet enfer vert aux allures de déjeuner sur l'herbe ou d'aimable chat-perché revenait à réaliser les projets d'un grand architecte plus ou moins malveillant. Dans le meilleur des cas, le jardinier se contentera de débarrasser le labyrinthe des grilles ou des bordures qui le maintiennent en d'étroites limites.

[pensée sauvage]

Éveillé, je rêve d'une marche verte menée à travers des pelouses interdites que je ferai miennes, converties en taïgas, occupées par des chèvres jouant le rôle de yacks, semées de tentes canadiennes en nylon pour évoquer, de loin, les yourtes des Barbares – ou marche verte poursuivie de dédales en dédales lorsque, comme tout bon jardinier, et à l'aide de cordeaux, de règles sûres, de rapporteurs, je serai parvenu à faire sortir de leurs limites des labyrinthes embryonnaires, quand je serai parvenu à prolonger leurs tracés pour enfin les réunir tous, l'un venant de Hampton Court, l'autre de la Villa d'Este, et quand se perdre sera l'unique façon de marcher – ou conduite de square en square, d'arbre en arbre, de friche clandestine en friche clandestine.

[quadrille]

Il est vivement conseillé au jardinier de favoriser les forêts de bambous (graminées persistantes et rustiques) : de hautes palissades plantées sur un seul rang, comme les tuyaux d'une flûte de pan, donnent l'illusion, à peu de frais, d'occuper des hectares entiers ; ces forêts de bambous trompent les voyageurs qui les observent de loin, et en vitesse, depuis la route, derrière les pare-brise où ils se croient en sécurité.

[bois puant]

Les baobabs, disent les griots qui les fréquentent, sont des arbres plantés tête-bêche, racines en l'air. Le jardinier adventice – horticulteur malintentionné – ira planter à bras d'homme des baobabs, tête à l'endroit, racines au sol, en prétextant remettre de l'ordre dans la nature, et le monde sur ses fondements : il dressera à l'aide de palans, de leviers prenant appui sur des guérites, ou des bornes d'incendie, ou des poussettes à l'abandon ; ils s'érigeront à la manière des pierres bretonnes ou galloises alignées sur l'écliptique ; le baobab debout fera figure, pour les simples du quartier, de carottes démesurées, illégales, ou de navets poussés à bout si tant est qu'une rave puisse être portée à son paroxysme.

Il n'ira pas dresser des baobabs plus larges que hauts, sombres comme la racine de manioc, uniquement pour les vertus de son tour de taille, pour la quantité de bois qu'il représente, pour la place indue qu'il prend au cœur des jardins publics, ni pour le contraste qu'il marque en compagnie de salsifis, de joncs ou d'asparagus ; il ne les dressera pas seulement pour signifier l'inversion des faits ou des valeurs, ni pour voir ses arbres abattre les murs, mettre bas des tuteurs fluets, ou ébranler le carrelage – il les plantera avant tout pour surprendre enfin l'éclosion de leurs fleurs, d'impensables petites fleurs blanches dignes, par leurs grâces, des bouquets de communiantes, dignes aussi des pétales de roses chantés par les soufis ; il attendra de ces fleurs qu'elles répandent leur parfum, empestent la maigre frondaison – elles imposeront aux visiteurs, aux curieux venus tâter l'écorce ou mesurer sa circonférence, des odeurs de chou vert trop cuit, de lait caillé, de chien sous la pluie, de nyoc-man (selon les témoignages : certains botanistes relèvent aussi un parfum de vieux linge). Les témoins de cette puanteur, qui s'exhale d'ailleurs de jour comme de nuit, ne seront peut-être pas étonnés (seulement navrés) par cette association de fleurs superbes et d'odeur de charogne – et le jardinier ne sera pas surpris de leur absence de surprise : le stratège doit surtout savoir se passer d'imprévu. (Planter en jeune baliveau, de préférence mi-avril.)

[bâton-de-sorcier]

Spectaculaires : potirons et pastèques, coloquintes, citrouilles et coco-fesses – renflés, généreux, sinon obscènes, déposés dans un jardin public ou une pelouse interdite, avant l'aube, comme si c'était une bombe ou pire, un balluchon faisant tic tac. Pâtissons, caramboles et courges, gorgés d'eau, torturés, parfois courbes et creusés : le jardinier amateur de potagers spectaculaires se permet aussi de jouer sur les ombres, les éclairages, afin de donner aux simples légumes la silhouette désirable d'une odalisque – ou celle, menaçante, d'un silène arborant de divines proportions. Pour faire accepter mes plantations par mes concitoyens, je peux (mais cela n'est pas toujours nécessaire) tailler mes haies d'arbustes en forme d'ours, de lapins – une ménagerie destinée aux enfants – ou en forme de Vénus callipyge, de croupe monstrueuse, s'il s'agit de berner leurs pères ; puisant dans tous les bestiaires, le jardinier tailleur d'arbres saura d'un même coup de main donner naissance à des griffons ou des bacchantes tentatrices. Fleurs et edelweiss seront là pour charmer les dames, confondre les petites filles (à vouloir y cueillir des fleurs de jusquiame, elles s'enfonceront dans mes jardins, de hautes herbes jusqu'aux genoux, jusqu'aux épaules ; elles s'y perdront aussi facilement qu'un Pinocchio dans les dédales d'une fête foraine). Pour les petits garçons, afin de détourner leur attention le temps de faire germer des haricots de Soisson ou des piments oiseaux auprès des habitations à loyers modérés, je ferais pousser des pelouses qu'il me faudra tondre régulièrement, en prenant bien soin de la taille – je lâcherai sur ce terrain bien entretenu ces hordes de mioches, ils y joueront au ballon le temps que mon herbe pousse et qu'en d'autres lieux j'accomplis mon office. Pour les hommes, soi-disant plus rétifs à se pencher sur une marguerite, méfiants à l'égard des potagers comme si chaque légume était, encore et toujours, une variété à peine plus comestible de la belladone, et toute courge un poison vermifuge sous une forme encombrante, les hommes radicalement étrangers à tout ce qui s'appelle jardin, hostiles (dit-on) aux plantes en pots comme aux bouquets de fleurs, indifférents aux charmes du cactus et à la majesté du lichen, pourront peut-être tomber sous le charme, et se laisser subjuguer par une botanique spécialisée, voisine de l'alchimie et du savoir-faire des anciennes cuisinières – se laisser subjuguer par des jardins clos plantés d'herbes médicinales, des treilles ambiguës, des pousses sans noms ni odeur mais dont un expert (à défaut d'une véritable expertise) vante les mérites : des récoltes, des promesses de récolte et, après elles, des promesses de conserves, d'onguents, de poudre, de collutoires, de potions, d'alcool, de baumes, de cachets, d'infusions, ou de gomme à mâcher. Si le jardinier adventice parvient à faire admettre par les chefs de famille (les grands mâles, reconnaissables à la saison du brame par les andouillers qu'ils portent au-dessus des sourcils, et qu'ils jugent bon appeler des bois) que son potager interminable, envahissant, est composé uniquement de plantes aphrodisiaques, de gousses vasodilatatrices côtoyant des régimes de bananes (ou des vanilliers) – alors les hommes, convaincus à leur tour, laisseront l'horticulteur planter à sa guise ; les nigauds avaleurs de promesses, les amants, les gigolos nerveux, émus d'avance par l'effet placebo, croiront à la toute-puissance de mes nèfles aphrodisiaques, de mon authentique satyrion, feront le pied de grue à côté de mes plantes, leur tiendront compagnie en même temps que la chandelle, monteront la garde et debout, droits, tendus à l'idée d'en croquer, figés par l'appétit et l'attente, serviront de tuteurs à mes volubilis.

Enfin, faut-il préciser que le jardinier adventice, parfois aussi nommé mycologue parasite, a pour marotte, pour mascotte, un échantillon vivant de Satyre Puant ? – (encore vivant : pour le maintenir en vie, et en forme, il est indispensable d'avoir ce que d'autres appellent la main verte).

[herbe-aux-teigneux]

Harcelé sans toujours y prendre garde par mon jardinage, on n'aurait pour solution que de lancer un appel à la vigilance : recommandant de signaler l'individu suspect : un malfaiteur vêtu d'un chapeau de paille, d'un tablier, armé d'une pelle et d'un panier.

D'une manière générale, je choisis d'occuper les parcs et les jardins publics, non seulement parce que je trouve sur place le sol nécessaire à mes cultures (la meilleure terre entretenue par les meilleurs employés), les haies, les coupe-vent, un semblant de bocage protégeant mes plantules ; parce que je sais aussi trouver à pied d'œuvre, dans des guérites à demi dissimulées, des remises fermées d'un pêne aussi petit qu'une languette, tous les outils auxquels je peux avoir recours – mais surtout parce que je sais que de tels jardins, aménagés pour plaire, attirent un public toujours plus nombreux – un public de nurses en poussettes, de gamins croquant la pomme (un hamburger), de vieillardes coiffées d'une pelote de laine : je sais que là, pour ce public presque acquis à ma cause, en tout cas amoureux des tonnelles, attiré par les arbres, je pourrais faire pousser un ginkgo femelle (il provoque des œdèmes), un pied d'épine noire (responsable de dermites), un sumac vénéneux, une primevère asiatique au pollen allergisant – des plantes ornementales dont parfois le contact seul est dangereux : ce n'est pas le mal qui inspire un jardinier de ma sorte (ni aucun malin, ni aucun Belzébuth de Grand Guignol), ni la farce aussitôt satisfaite (sa campagne est une apocalypse, pas seulement une plaisanterie de poil-à-gratter – *rosa canina*), non plus une vengeance : si la Fin des Temps est précédée par des symptômes, ou des apparitions, les brûlures et les échardes seront, dans cette ville soumise à la vraisemblance, au raisonnable, étrangère au miracle, les seuls effets d'annonce dont dispose un jardinier armé d'une pioche et d'un oignon.

(Au risque de me blesser moi-même ; mais je préfère toujours la compagnie des plantes : l'agression des orties vaut mieux que l'indulgence de mes collègues.)

[culotte-du-diable, cœur-de-Marie]

Posément le jardinier prépare l'avènement de son apocalypse et, faute d'en voir déjà la fin, s'entoure de signes annonciateurs comme les vieilles Russes de samovars et de souvenirs servant d'icônes ; il ne méprisera ni les feux de Bengale rachetés à un boutiquier ni les pluies de grêles que peuvent lui offrir les hivers ; il fera précéder sa Fin de processions, de convulsionnaires faisant office de diversion ou de menace ; il plantera dans des jardins de curés, dans le potager des nonnes (ursulines, carmélites, petites sœurs de Thérèse) un *amorphophallus titanum*, qu'il définit comme un gigantesque phallus, plus haut qu'un crucifix au carrefour d'un chemin de croix – plus droit aussi, et plus dru, toute révérence gardée – un mètre cinquante de floraison prenant la forme d'un Priape très éveillé, dégageant pour clore le tableau une odeur rappelant le fin fond de nos fosses (une odeur – disent ces botanistes que le jardinier croit sur papier – n'ayant pas pour but d'effrayer les précieux, mais d'attirer les scarabées coprophages).

[arbre à chapelets]

Autour des couvents – des maternités – dans le jardin d'un cloître réservé au culte perpétuel de la Vierge à l'Enfant (des *ave* jour et nuit : les trois-huit comptés en grains de chapelet), mais aussi (au nom d'un second degré lui-même tourné en dérision) sur les balcons ou les pelouses rassies bordant l'immeuble des allocations familiales – enfin, de façon plus franche (il m'arrive d'être héroïque), auprès des églises vouant aux Enfers les avorteurs et leurs canules – le jardinier plantera l'agnus castus, sous forme d'interminables haies ou de massifs immenses. Amoureux des emblèmes, il espère que chacun, moine, infirmière, frères camaldules ou vieille peau prenant le diaphragme pour une hostie, constatent à la lecture d'un dictionnaire le caractère emménagogue, ou abortif (si l'on y revient), de ces herbes folles.

Ou bien un sassafras, aux racines parfumées, parce que son écorce, ou l'infusion de ses feuilles, soigne le mal de Naples (le mal français). (Tailler en mars.)

[herbe-à-la-tire-goutte]

Mon voisin congédié a fréquenté quelque temps des fonds de bistrots où de semblables retraités levantins alternent le trictrac et la belote ; mais il n'a pas dû trouver là-bas de compagnons aussi dociles que moi, ni aussi maladroits ; il ne s'est fait ni aux pions du jacquet ni au thé à la menthe, et n'a pas su mêler son gallo à l'arabe dialectal. Il tourne depuis de sa chambre au salon, hante la cuisine dans laquelle, sous la hotte, la dame-d'onze-heures se croyait à l'abri, et souveraine, comme une régente à son gynécée ; il importune sa sœur en semant son tabac dans les paquets de farine et en touillant ses ragoûts clairs comme pour s'en rendre maître, y apporter sa touche : il usurpe le titre de cuisinier en trempant son doigt dans la sauce. Mes plantations m'amènent à adopter un emploi du temps de vaillante ménagère : avant mes heures de bureau, je me rends au marché, pour y être le premier à marchander les semences, les pots de marjolaine et les pommes de terre germées ; j'y croise la dame-d'onze-heures, son panier qu'elle remplit, toujours, des mêmes feuilles de chou. Elle arbore certains jours ce visage sanguin, mais essoufflé, de celles qui ont couru contre le vent – les pommettes rouges, à vif, et même parfois (le souci des nuances demande qu'on exagère) tirant sur le violet, le bleu foncé – celui des très grands froids. J'ai cru voir aussi, aux chevilles, des varices (c'est de son âge) que je compare aux nervures d'une feuille de mauve.

[bouillon-blanc]

Depuis le couloir séparant mon chez-moi de leur chez-eux, l'odeur de soupe qui me parvient évolue au fil des semaines, comme les couleurs virent à la lumière (de la soupe, presque immanquablement, non pas toujours des potages, encore moins des veloutés, sans parler de suprêmes ni de consommés : seulement des bouillons, parfois du simple jus, de l'eau où surnage de quoi dîner – même si la cuisinière prépare ses épinards et ses cardons, ses feuilles de bettes, tout un sous-bois passé au hachoir et relevé à la muscade, une purée verte de laquelle émerge un demi blanc d'œuf, même si elle plume un vieux coq ou fait brûler une crème, toute sa gastronomie mérite le seul nom de soupe, à quoi elle se résume, puisqu'elle prend sa valeur du pain sec que l'on y fait tremper – chaque soir, me semble-t-il, le couple se réunit autour d'assiettes creuses, pas fâchés de ne pouvoir se voir dans le reflet de la sauce ; se font face, front contre front, grimacent peut-être, aspirent en tout cas une soupe plate, comme on dit une mer d'huile) ; les odeurs de jour en jour se font plus aigres, et amères, la fadeur des semaines passées faisant place à un fumet âpre, parfois repoussant, comme lorsque la poule est bouillie par erreur avec son fiel.

Une gastronomie de l'immangeable, ou de l'indigeste, voilà ce que je me surprends à imaginer d'après les fumées grasses passant, en tout bon voisinage, de hotte aspirante à hotte aspirante : je suppose que la dame-d'onze-heures, pour son tanneur de frère, se contente de jeter dans l'eau du fait-tout les fanes plutôt que les carottes et les trognons plutôt que les feuilles. L'eau seule vient atténuer l'amertume.

[arbre-à-perruque]

L'art topiaire – ou la dialectique de la tonte et du laisser-faire : d'une ronce proliférante, le jardinier peut tirer une haie d'allure stricte (s'il veut flatter l'opinion aristotélicienne – celle qui considère la corne des boucs comme le résultat d'un excès d'os ou de cheveux) ; d'un if préalablement taillé – en forme de navette, de fusée, de quille ou de pomme de pin – il saura, en l'abandonnant à son sort, tirer un arbre informe et dépeigné (s'il souhaite se faire beaucoup d'alliés parmi les hippies des plages, les bergers pacifistes à houlettes et guitares issus d'une antique Gaule chevelue – ils apprécieront cette disparition de la haie en faveur de la friche : l'éloge d'une liberté digne des savanes et des crinières sans catogans).

Tailler, ne pas tailler les ifs : l'alternative oblige l'horticulteur à choisir entre, d'une part, une apocalypse hirsute (ébouriffée) et panique, une apocalypse faite de débordements, d'impulsifs mouvements de foules, d'erreurs et d'excès, mais aussi d'incertitudes ou d'ambivalence (pour le jardinier, un if livré à lui-même devient si possible l'avatar végétal du dieu Protée) – et d'autre part une Fin des Temps minutieusement réglée, mesurée heure par heure et faits à faits, suivant un compte à rebours de sanatorium ; une campagne ordonnée, plus proche des parterres du Trianon que des sous-bois de Brocéliande ; une fin qui terrorise par sa précision, son tranchant et sa rectitude (elle invoque la rigueur ainsi qu'une certaine chasteté) – mais l'apocalypse au rasoir profite (on l'a dit) de la taille des arbres pour leur donner, en plus d'une raideur puritaine annonçant la sévérité des Derniers Jugements, des rondeurs permissives : de quoi faire diversion. Pour le cas où, à force de malentendus, l'apocalypse bucolique passe dans les faits pour une forme de soulèvement, l'if non taillé représentera la horde sauvage ou la décadence primitiviste, le labyrinthe exprimé sous la forme du chaos – l'if taillé, la stratégie rompue, l'orthogonalité, les illusions formelles, le labyrinthe exprimé sous la forme de calculs.

[**herbe-aux-brûlures, buisson-ardent**]

Efficace, toujours, mais cruel (tirer des queues de cheval, arracher leurs ailes aux mouches – ou, pourquoi pas, aux libellules ?) : le *mucana pruriens* aux fleurs blanches, élégantes, évoquant le camélia dans ses meilleurs jours, mais dont les gousses urticantes, tentatrices, sont un appel à la caresse, et provoque des prurits inguérissables. (Planter en terre bien drainée, peu calcaire ; taille inutile sauf en cas de gelée.)

[**petite flambe**]

Une fois quelques-unes de ses dépravations accomplies, quelques murs écroulés, dix, vingt, cent Capharnaüm fomentés dans un seul lotissement, quand les prémices d'une fin du monde seront visibles (car elles seront manifestes) et, parce que mises à jour, confondues avec les restes d'une guérilla urbaine, ou d'une sédition de libertaires, ou avec la colère de laboureurs et de leurs enfants (ma campagne ne s'assimile en aucun cas avec ces tonnes de cerises ou quintaux de raves déversés sur un parvis comme preuve de disette – un trop-plein exprime un manque à gagner), une fois certaines prophéties accomplies, le jardinier doit s'attendre aux réponses des concierges, des bourgmestres et parfois même de certains diacres amoureux des tondeuses.

De pied ferme, le jardinier adventice attendra la réplique des pouvoirs publics, la réaction des ministres concernés (les commissions d'urgence, les conférences de presse ; mais puisqu'il s'agit avant tout d'un Jour du Seigneur sans Seigneur – le millénariste doit se passer de Christ comme de millenium –, il faut se préparer aussi à voir fleurir sous les nefs cent conciles bruissant comme des volières et, inquiets, mille évêques s'entre-dévorant comme autant de rescapés sur le dernier radeau). Il attend sans inquiétude la riposte des autorités : une mobilisation, proportionnelle à la gravité des catastrophes, de balayeurs sénégalais ou de tondeuses électriques – et, si les affaires s'aggravent, de militaires à qui on apprendra à troquer le fusil contre un sécateur ou ne manier que des baïonnettes sorties de vieilles réserves. Les balayeurs ne sont pas de sérieuses menaces : rassembler des feuilles mortes, les brûler en un seul tas ne constituent pas une réplique redoutable – au contraire, dans bien des cas (nous y reviendrons) de telles charges ponctuelles et légères aèrent les plates-bandes, dégagent les abords, éclaircissent les pelouses mieux que je ne saurais le faire seul et sans aide, raniment quelques graines en dormance et permettent aux plus faibles de prendre de la vigueur. Les débroussailleuses chargées de nettoyer les boulevards ne suscitent pas non plus l'angoisse chez le jardinier adventice (il se tient devant ses roseraies sauvages dans l'attitude des cantonniers appuyés sur leurs pelles, dans une pose endormie qu'il considère comme la posture même du triomphe – la ruse du prophète en acte est de jouir par avance du plaisir procuré par l'œuvre accomplie), elles ne font souvent que hacher menu un tourteau lui servant plus tard d'engrais. (Autodafé misérable, démonstration de force molle : le tas de feuilles à quoi on boute le feu devant des spectateurs – un public d'écoliers, de grands-mères, de triporteurs en livrées rouges – en espérant tirer de la meule un beau feu d'artifice, ne rend qu'une vapeur étouffée, transformant ce bûcher en avatar de moteur à eau.)

[pensée créole]

De pied ferme, j'attends également les appelés du contingent, mobilisés en rang d'oignons, pour arracher des mauvaises herbes, les sarrasins ou les grandes consoudes qui ont le culot de croître sous les fenêtres des ambassades (ou dans les ambassades : l'horticulteur millénariste, provocateur de petits troubles, s'il ne souhaite en aucun cas livrer des batailles privées faites d'attaques personnelles – car sa campagne est un grand dessein – s'amuse de temps à autre à importuner des familles entières vivant dans le faux calme des jardins consulaires : par facétie, le jardinier fait pousser des résineux – parce que leur croissance est rapide, leur feuillage persistant – à proximité des résidences, calcule la portée des ombres, l'angle du soleil, l'orientation des fenêtres, si nécessaire épluche les cadastres et projette ses mesures sur le papier, à l'aide d'une géométrie d'amateur ; il fait en sorte que l'ombre d'un épicéa – ou mieux, d'un cèdre du Liban, qu'on ne saurait ensuite déraciner sans provoquer l'indignation des compatriotes – gâche l'existence d'un vice-consul et de sa petite famille et, sinon son existence, du moins ses repas en été, ou empêche, avec la précision des pervers, celle aussi d'Ératosthène, la jeune fille de bronzer à l'abri des murs inviolables, les pieds posés sur la valise diplomatique, en compagnie d'un transistor et d'un transfuge de son pays).

Les militaires auront beau arracher les fleurs saxifrages, les plantes parasites, les crucifères et les urticacées, le lierre et quelques algues, ils ne parviendront pas à faire reculer la jungle définitive – jungle en pots – que l'horticulteur est capable de mettre sur pied. Indélicats, pressés, obtus (et obéissants : d'ordres en sous-ordres, de bureaux en bureaux, tandis qu'elles descendent la pyramide des hiérarchies, les vastes stratégies amplement formulées se dégradent, s'amenuisent pour devenir des injonctions, enfin de simples slogans), ils rasent la tige et le feuillage, mais oublient les racines et (espérons-le) oublient les germes – or, la fin du monde qu'anticipe le jardinier est entièrement germinative, presque tout en dormance, et sait profiter de son sursis en dessous des zones exposées.

Si on me demande mes raisons, je dirai : pour en finir ; si on insiste, je dirai que la rose d'Angélus Silesius également était sans pourquoi – enfin, pour m'en débarrasser, je raconterai à l'importun après sa troisième charge des histoires à dormir debout : elles seront nombreuses, et certaines crédibles.

[herbe-aux-chantres]
Le jardinier ne négligera aucune ruse, y compris celles qui

s'éventent aussitôt ébauchées ; il asservira la peur (cactus, plantes carnivores, menthe fraîche évoquant l'ortie au premier regard), la fascination (le nombre de végétaux empruntant leurs formes au règne animal est plus important qu'on ne croie d'ordinaire, au point que le botaniste, à deux doigts d'éprouver une certaine lassitude, ne s'étonne plus des déguisements parfois exacts jusqu'à l'odeur, pris par certaines fleurs, et quelques légumes), la curiosité (baies rouges, fleurs blanches, poils urticants : la tentation est toujours forte de s'y frotter). L'émulation, enfin, est un outil redoutable, efficace, dont savaient se servir les rhéteurs d'autrefois et que manient encore des tribuns dirigeant des foules sans se soucier de l'à-peu-près : le jardinier, s'il le pouvait, susciterait des vocations, lancerait à lui seul la mode des jardins potagers pour que tous les banlieusards, les riverains de la petite couronne, les exclus du jardin ouvrier, cultivent dans un carré de goudron déchaussé (faux travaux de terrassement) des fleurs aux racines traçantes, des ronciers, peut-être aussi des arbres au pollen abondant (pour que le rhume des foins accompagne, ou précède, les grandes catastrophes).

Pour faire des émules, il lui faudra peut-être agir à contre sens, et au second degré (une ironie qu'il appliquera sur le terrain – se servant, par exemple, du désherbant comme d'un engrais), comme son maître Parmentier, dont l'idée de soustraire son carré de pommes de terre à la curiosité des gueux pour exciter leur appétit a fait, depuis, école. Sans doute faudra-t-il inciter les autorités à interdire en ville, jusqu'aux limites de ses enceintes, l'usage de serfouette, l'épandage de fumier, la culture du raisin. L'interdit devrait susciter des vocations clandestines, et répandre la fleur adventice, la fleur inverse.

[dragonnier]

Jardinier de mauvais augure : il lui faudrait peut-être former des légions de naturalistes, des pépinières de jeunes aventuriers prêts à traverser l'Atlantique pour aller ensemencer le Nouveau Monde comme à l'époque des frères Montgolfier, lorsque de vaillants taxonomistes allaient se ruiner la santé au cœur des forêts vierges (chaleur, parasites, mangroves et païens : tout ce qui n'est pas moustique est sarbacane) pour rapporter aux grands classificateurs, qui gardaient le bureau, des semences inconnues – des haricots sauvages.

[rue-de-muraille]

Mon apocalypse mobilise tout : oiseaux pour disséminer mes graines (le geste auguste du semeur en plein vol me réjouit en ce qu'il ressemble à mon crachat fertile, depuis ma balustrade : les oiseaux ensemencent parfois comme l'homme humilié) ; insectes pour accompagner mes broussailles, leur donner de l'épaisseur ; serpents pour que mon apocalypse parodie la genèse ; pluies du week-end et même gaz carbonique, monoxyde de carbone, tous les échappements rassemblés aux heures de pointe. Les limaces me sont des compagnes tranquilles, mais infidèles et dangereuses : le botaniste doit savoir tolérer les ravages qu'elles commettent et, s'il veut anticiper la Fin des Temps, la chute de la grande Babylone, au moyen d'une végétation sans borne ni tuteur, fermer les yeux sur la fausse dentelle commise par ce parasite ; le cas échéant il tolérerait un millénarisme de limaces : une fin du monde gastéropode, aux anathèmes soulignés à la bave d'escargot comme les coquilles d'un texte liminaire le sont parfois d'un feutre jaunâtre, prendrait le relais de son apocalypse végétale : si ses forêts échouent, si elles se montrent incapables d'avaler la ville, des colonnes de limaçons qui vaudront bien les pluies de sauterelles ou de grenouilles, viendront envahir le trottoir, y feront un tapis glissant : l'érosion de toute chose commencera par le col du fémur.

Le jardinier adventice bénéficie peut-être d'auxiliaires échevelés, sauvages, en désordre, d'une force d'appoint qui rompt les rangs : de loin, l'infanterie qu'il lui faut, qu'il lui faudrait, lui aurait fallu : mais ces temps n'ont plus cours (ceux où la colère se traduit par du jardinage, un binage modeste, des buttées innocentes), on ne voit plus guère, dans les rues, des monômes poussés à bout, ni d'enragés faisant face aux compagnies républicaines, on ne voit plus, ici du moins, de pavés soulevés à l'aide de pieds de biche, dégageant tout un pan de sol nu, ou presque, pas tout à fait la plage attendue, ou prophétisée, mais une chimère de tourbe et de fange que je connais bien pour l'avoir aperçue sous le goudron, à la faveur de petits travaux. Sans râteau ni pioche, ni arrosoir, ni plantoir, des para-jardiniers, arrêtés en chemin, se contentent de déchausser le pavé, d'en faire un muret à la manière des paysans irlandais qui ne savent plus à quel saint vouer leurs pierres, ni quel mur élever avec ce trop-plein – tas de cubes de granit, dressés pour parodier les Sinaï votifs, ou en manière d'inventaire bradé, de vente à la sauvette, ou élevés dans le but de se garantir des munitions sous la forme de pyramides éphémères. Le jardinier adventice pourrait se tenir, comme on le dit, comme on le conseille, comme il est du devoir de chacun, au courant, comparer les journaux du soir à ceux du matin, recouper les démentis, et confronter le cours des Bourses à la listes des bacheliers, fréquenter les pelouses des campus, afin de savoir quand aura lieu la fronde prochaine, et si elle sera suffisamment virulente pour lever les derniers pavés de la ville – ainsi préparé, le jardinier pourrait profiter de ces monômes et de la terre qu'ils mettent involontairement à jour pour étaler sa propre culture – caille-lait, douce-amère, dompte-venin.

[panache d'officier, saxifrage obscure]

Le jardinier adventice, promeneur solitaire (ou campeur, amateur de pique-nique, à l'occasion adepte du déjeuner sur l'herbe, mais seul, avec pour unique compagnie, une nappe à carreau – il étale dessus, en guise de bombance et pour tout érotisme, une assiette de crudités, quelques cochonnailles, mais en tranches), repère son chemin dans les champs, dans les prés ; connaît le paradoxe, ou le cercle vicieux, qui conduit le marcheur à suivre un chemin d'herbes piétinées, tracé par les promenades des autres, les piétons de la veille, une route définie peu à peu, par usure progressive, peut-être mesurée. S'il pouvait prévoir le hasard des chemins, rarement parallèles à la ligne la plus courte, le jardinier adventice prendrait les devants, conduirait un peuple au soulèvement ou à des longues marches, des processions pénitentes de Jugement dernier, en traçant au cours de promenades routinières, répétées, des chemins courbes, mais menant droit au but.

Si l'apocalypse était un soulèvement : tous me serviraient

d'alliés involontaires, je réquisitionnerais mes troupes comme à l'heure des mobilisations, lorsque le Grand Turc menace à nos portes : dans mes rêves les plus résignés je me dépeins en démarcheur, tirant toutes les sonnettes, pénétrant dans tous les foyers pour y repêcher les hommes valides, leur mettre dans la main une bouture de figuier ou un stolon solide faisant office de long fil rouge reliant les fantassins entre eux – en guise de fusil-mitrailleur une bourrée de bois sec, en guise de fouet une liane encore verte ; je ferais passer mes semences pour des poudres secrètes tirées d'une alchimie défensive ; je leur donnerais une griotte à croquer au lieu d'une capsule de cyanure.

[arbre boulet-de-canon]

Le jardinier aime le poivre noir, le poivre gris, à cause de la grenaille qu'ils évoquent ou imitent ; ils lui servent d'arsenal, de munitions – mais aussi de richesse, de perles saugrenues : il se souvient des dockers de Londres, au temps des caravelles où le poivre valait de l'or, tenus de se vider les poches, de les retrousser comme des chaussettes en quittant le navire, afin de ne pas être suspectés de vol.

Faute de pénitents, on mobilise une armée qui ressemble, finalement, à celle d'Alexandre : pour donner l'exacte mesure de sa force, il avait envoyé à Xerxès un sac rempli de graines de moutarde, édifiant par le nombre et la virulence. Moi qui suis un fils du peuple et non un héritier des rois, je m'en tiens à la lettre quand Alexandre s'attachait à l'esprit.

[herbe-à-cent-goûts]

Le jardinier adventice (en dépit de son goût pour les

jardins d'Alhambra, en dépit aussi du fait qu'il aimerait usurper tout le vert de l'Islam pour s'en faire un blason, un étendard, une couverture, le camouflage idéal doublé d'une déclaration de principe) – le jardinier ne se prosterne jamais en direction de La Mecque (s'il s'agenouille, c'est pour tirer des racines, s'il se met ventre à terre, c'est pour déloger les cochenilles), mais il saura, à l'occasion, prendre le Prophète pour modèle, et rêve de cette machination idéale : marié à la fille d'un riche épicier (safran, cumin, tiges de céleri), Mahomet profitait de ses caravanes pour porter la bonne parole, propageait sa foi tandis que son beau-père distribuait ses aromates – à la porte des villes, sumac, gingembre ; à la criée, sésame, cannelle, bois bandé – sans que l'on sache très précisément si la tournée du marchand favorisait les conversions ou si au contraire la propagation de la Bonne Nouvelle et du Coran révélé a permis l'essor du petit commerce : le beau-père profitait peut-être du vent de l'Islam pour semer ses petites graines, diffuser ses bonnes herbes ?

L'herboriste prosélyte, quand il se sent bien seul (les orchidées, les cactus, mais aussi les plantes carnivores, ne sont pas de compagnes bavardes : les sépales des plantes carnivores imitent la bouche en ce qu'elle a de carnassier, pas de loquace), rêve de propager sa campagne à la même vitesse que la foi du Prophète, et de la même façon : en distribuant des grains de poivre, des graines de moutarde, du sésame porte-à-porte.

Composer une apocalypse qui soit à la fois des semailles à grand vent et une version catastrophiste de la Bonne Parole.

[compagnon rouge]

Ivraie, moutarde, arbres pollinisateurs (afin de favoriser les allergies comme préfigurations des stigmates à venir) : si tout cela ne suffit pas, le jardinier cultivera du piment, en dépit de la météorologie et du bon sens agricole : j'irai au Nouveau Monde, je ferais le voyage des Cortés et Pizarre, pour en ramener, comme des cartouches en bandoulière, des colliers de piments, ou des boutures à repiquer. Mes *compañeros* s'appelleront *serranos, jalapenos, poblanos* – ils brûleront les doigts, feront verser des larmes.

(Semer en pépinière, repiquer à chaud, planter en mai tous les 50 cm sur couche ancienne.)

[silène miniature]

Du dilettantisme à l'association de malfaiteur : à ses débuts, tout jardinier manœuvre seul, cambriole comme on vole et cavale comme on se promène ; par la suite il peut choisir de s'acoquiner avec quelques apaches à qui il demandera d'aller cueillir les cerises d'un bourgeois et d'en conserver les noyaux – les recracher en pleine terre. Mais il préférera certainement l'association en solitaire : complices et guetteurs sont remplacés par sa seule ombre, son acharnement tenant lieu d'ubiquité et la population entière, par l'assentiment qu'elle exprime muettement, de baron.

[petit-dragon, fruit de la passion]

On l'a dit : l'horticulteur sournois sait cultiver sur le même front la lenteur et le silence ; ses légions avancent avec la souplesse et la grâce du pollen, il sait troquer le bruit des bottes cher aux juntes par celui des charentaises de feutre, ou le cliquetis des éperons par un sol de mousse ; parfois cependant, il voudrait se présenter sous les traits d'un semeur de vent, récolteur de tempête, il pourrait alors troquer le lierre contre la vesse-de-loup, le lichen contre le piment et le potiron commun (cocasse mais impotent à l'état natif) contre un *hura crepitans* – latin de cuisine, ou de potager, latin de farce et attrape : son nom marie le toast russe, un peu trop violent pour nos mœurs, et le feu d'artifice, le crépitement de fêtes qui tournent mal. À la fois coussin péteur et trompe de Jéricho, pouf débonnaire et bombe à long retardement, l'*hura crepitans* est une sorte de citrouille de la taille d'un poing que la chaleur fait exploser dans un bruit sec de poudre à canon, ou de ballon crevé (ce faisant il libère ses graines, donne naissance dans son rayon d'action à toute une lignée de rejetons d'une même nature explosive, crépitante, instable – bien sûr il faut que l'ensoleillement soit intense pour que le phénomène se produise : mais tout bon artificier sait attendre les mois d'été). Le jardinier adventice, lors d'un voyage en Orient (au cours duquel il négligerait les ginkgos, déjà rudement acclimatés sous nos ciels gris, admirerait les hévéas, s'intéresserait aux rizières dont il souhaiterait importer non seulement la céréale, mais surtout l'inondation, l'eau dormante), pourrait ramener dans ses bagages mille exemplaires de cette citrouille naine, couleur de grenade (le légume inquiète les douaniers, qui soupèsent la marchandise et froncent le sourcil) ; enfin, de retour au pays, il s'efforcerait de déposer ses explosifs naturels aux endroits stratégiques (poubelles vides, guichets ouverts, niches, châsses pieuses et tronc des pauvres : rien ne vaut, bien entendu, la lucarne des anti-podes chantée par les précieuses, si l'on veut que l'effet soit complet, l'explosion spectaculaire). Une pyrotechnie qui le distrait d'une apocalypse par moments soporifique à force d'être pondérée.

(Même si le jardinier mène son apocalypse comme une promenade en forêt, même s'il remplit sa baignoire de fuchsia plutôt que de dynamite, s'il passe son temps à nouer des bouquets de fleurs avec des brins de ciboulette, il sait que n'importe quel jeu d'enfant apprécie les allumettes, que ses campagnes ont pour fin la dissolution de la Ville et la combustion de toute chose : il prend cette fois pour modèle ces distillateurs clandestins, petits bouilleurs de contrebande, qui tiraient un whisky d'un vieux bidon et, pour l'assaison-ner, ou lui donner de l'ambre, en guise de caramel, saupou-draient leur alcool d'un peu de poudre à fusil.)

[pavot douteux]

Elle est parfois tonitruante, cependant mon apocalypse saura la plupart du temps se tenir en retrait, se montrer stylée, puis calme, s'inspirant de tisanes pour lesquelles les plantes sont aussi sollicitées : doucereuse et amère, suggérant son parfum sous l'eau chaude sans jamais tout dire par avance de leurs effets secondaires (diurétiques ? emménagogues ?) – comme ceux de l'infusion, les effets de mon apocalypse se feront attendre et prendront prétexte du goût et de la gastro-nomie pour se perdre en d'interminables conversations, ou en cérémonies muettes retardant l'heure des faits ; l'expectative fait partie de ma stratégie.

[savourée]

S'il doit réagir, se défendre contre une armée d'impies hostiles à sa fin du monde (des sceptiques pour qui être rationnels c'est ne croire qu'en leurs propres chimères) ou contre les légions tout aussi nombreuses de cantonniers faucheurs de blé en herbe – et des fantassins répandeurs de défoliant – le jardinier imitera ces hérétiques qui, au pied du bûcher, appelant à l'aide, invoquent des légions d'anges et de diables (dont chacun se doute – l'hérétique en premier – qu'elles n'existent que sur le papier). *Acer campestre, carpinus betulus, cornus sanguina, corylus avellana, craetegus monogyna, evonymus europaeus, fagus sylvatica, frangula alnus, ilex aquifolium, ligustrum vulgare, malus sylvestris, prunus spinosa, quercus petraeca, quercus robur, rhamnus cathartica, sorbus terminalis, viburnum opulus.* Peu importe si ces noms sonnent aux oreilles des non-initiés comme ceux d'une décurie romaine, ou semblent tirés d'un pandémonium satanique ; peu importe si on m'accuse d'user de mon latin de potager dans l'unique but d'épater les incrédules.

(En campagne, mais embusqué – c'est-à-dire sous des buissons sans épines, car il faut savoir rendre son affût confortable et donner aux résistances un toucher soyeux, où s'allonger pour voir sans être vu –, sans m'autoriser d'autre mouvement que celui des hautes herbes dans le vent, j'ai pu observer quelques jardiniers municipaux, ou des vandales à leurs propres comptes, arracher mes arbres – quelques haies parallèles – les jeter aux ordures comme de vieilles poutres devenues inutiles.)

Si mes campagnes échouent, si la ville, finalement, ravale mon amazonie, mon apocalypse en même temps, mes carrés de luzerne et mes boutures de jujubiers, si les bouquets périssent à coup de désherbant – quel autre choix me restera-t-il sinon de me retirer, prendre ma retraite, transformer dans la solitude l'échec en exil intérieur, ou en l'un de ces replis stratégiques dont la forme ultime est la mort volontaire ; je ne ferai pas amende honorable, ma défaite ne sera que la mesure de l'obstination de mes adversaires. En hommage aux Juifs de Massada, j'avalerai peut-être la ciguë afin de ne pas tomber entre les mains des tourmenteurs – plutôt que la ciguë, d'ailleurs, je mâcherai des feuilles de sardous (elles ont l'amertume de l'oseille, à s'y tromper) : parce que cette plante donne au visage contracté de celui qui en mange, et meurt, ce sourire moitié joie moitié rage, à tel point mitigé qu'il a su engendrer l'épithète sardonique (les Espagnols – en guerre contre les Romains ? les Wisigoths ? les Français ou le Général ? – s'en servaient, dit-on, pour leurs suicides, afin que leurs visages aient encore l'air de se moquer, même morts, de ceux qui les regardent, les humilient ou les enterrent).

[rince-bouteille, caractère-des-hommes]
Mon voisin l'adversaire : il joue peut-être seul désormais, dans sa cuisine, pas loin de la hotte aspirante et des vapeurs de lessive ou de chou qu'elle avale puis refoule selon un fonctionnement erratique ; il déplie peut-être un torchon blanc à côté des assiettes ou, plus probablement, joue à sec, à même le faux bois puisqu'il m'arrive de plus en plus souvent d'entendre claquer à travers le mur ce que je suppose être ses

cartes fatiguées (dame de pique, dame de cœur, dame de trèfle, dame de carreau) contre le plat de la table – à moins qu'il n'utilise maintenant un jeu neuf, acheté pour se consoler d'un renvoi et de sa solitude, un jeu tout frais sorti de son emballage, et qui rend la donne plus précise, les coupes plus tranchantes et les gifles plus sonores. (Encore faut-il supposer des victoires : la fréquentation de mon voisin et, plus rarement, à contrecœur, des tripots sans malice improvisés dans des fumoirs, m'a appris qu'un joueur ne fait claquer ses cartes que s'il remporte la mise, ou livre sa dernière bataille, ou accomplit sa vengeance, ou aligne sa plus grosse figure. À en juger par la densité des claques infligées par mon tanneur de voisin à sa table de cuisine, à en juger par leur fréquence et leur intensité, les parties solitaires – les étranges réussites, des paris intéressés non par de l'argent mais une hargne gratuite – sont des jeux de victoire sur victoire, réservés à son seul triomphe, jamais satisfaits d'un seul gain, des jeux faits de cartes maîtresses, de plis victorieux, d'habiles défausses : si jamais l'idée me venait de coller mon oreille contre le mur – il m'est arrivé de le faire –, je pourrais, je le jure, entendre sa voix monocorde s'élever, braire, puis s'estomper, se taire une fois passées onze heures : des imprécations semblables à celles des hommes déboussolés, aveugles à eux-mêmes, qui vociférent sur les trottoirs à l'adresse d'aucune cantonade.)

S'il me croise, il entre les épaules, s'il m'aperçoit, il semble s'excuser puis adopte le dos rond de ceux qui ont une ardoise chez tous les épiciers : des dettes d'autant plus difficiles à assumer qu'elles sont minuscules (pas de magnificence, pas de grands vices ni de dépenses princières : le débit d'un petit parieur qui rechigne d'avouer à quelles misères et quelles friandises il consacre ses emprunts). Il me toise ou plutôt se fait toiser par moi comme s'il me devait quatre sous et que ce contentieux faisait de moi le grand trésorier collectionnant, au lieu de chapelets de faux diamants, des débiteurs dans leurs petits souliers.

Le thé ou le café que l'on buvait en jouant, il ne les a retrouvés qu'au comptoir à côté des trictracs, ou dans sa propre garde-robe, sous la forme de fillettes remplies d'un vin à la fois rouge et vert qu'il garde longtemps sur les dents (un raisin qui fait entonner, assez rarement, des monologues, peut-être des chansons en tout cas leurs refrains). Il s'enflamme pour une bouteille, puis s'endort pour le reste de la semaine ; la dame-d'onze-heures sort à son tour, comme s'alternent selon le temps les automates d'une pendule ; elle promène son cabas et ses bas-varices, son rouge toujours aux joues mais aussi aux pommettes, au front, sous les paupières – elle prend le large, une liste de commissions dans la poche et, pour saluer ces beaux jours (le printemps de mes herbes folles), des lunettes de soleil sur le nez – deux verres fumés de la largeur d'un œil-de-bœuf.

[saxifrage à cinq doigts]

Je mesure mes victoires au nombre de filets de protection déployés le long des façades, je les mesure à la taille de ces filets, aux périmètres de sécurité autour des murs qui se délitent, aux panneaux de circulation invitant les piétons à emprunter le trottoir d'en face, parce que la vie y serait plus sûre, et redouter les chutes de pierres en pleine ville (des équipements de montagnards sont désormais d'usage intramuros). Mes victoires (l'irréversible avènement de la fin) se mesurent au nombre de bâtiments fermés pour ravalement, au nombre de Perceptions, d'Allocations, de Caisses, d'asiles et de casernes évacués par précaution, au même titre que certaines cathédrales, nées sous Louis VI, et dont un morceau de la flèche menace l'autel. Mes victoires se mesurent aux nombres de déménagements qui mènent les employés du Plan vers d'autres refuges, des bureaux excentrés, construits à la sauvette, des baraques de chantier, des guérites provisoires aux allures de roulottes, entre quatre murs préfabriqués et sous un toit précontraint qu'un seul de mes buissons (l'expérience rend sobre) suffit pour jeter à terre ; se mesurent aux processions d'agents de l'état civil, dossiers sous le bras, charriant des baluchons carrés maintenus par une sangle ou tirant avec précaution un ordinateur encore raccordé à sa prise (les couveuses non plus ne supportent la moindre panne de courant) ; se mesurent aux cordons infranchissables tendus autour des hypermarchés ou de l'École normale croulant sous l'épilobe, la berce, la potentille ; se mesurent aux fenêtres crevées d'où dépasse, en tant que pavillon de leur défaite (en vérité gonfalon de ma victoire), la tige d'un rhododendron ; se mesurent au nombre de jardiniers municipaux, enrôlés d'urgence, d'astreinte dès l'aube, munis de pulvérisateurs (marqués d'une tête de mort imitant les corsaires), chargés d'enrayer la marée verte, l'invasion de mes renoncules, par de l'herbicide – dont je me moque comme d'un crachin.

115

[désespoir des singes]

De temps à autre (le matin, quand le désespoir s'ajoute à l'amertume du café – ou à défaut de désespoir semblable aux lamentations de Jérémie, ce doute venant ronger tous ceux qui poussent devant eux, à la fois, des troupes dispersées, incertaines, et des rêves mûris de longue date), il est nécessaire de compter sur ses doigts le solde de ses pertes et profits – pour un jardinier, faire le point revient à établir un catalogue ; énumérer son arsenal ou ces floralies tenant lieu de bestiaire apocalyptique revient à composer un herbier, relever des noms dans les livres de botanique ou à l'index des encyclopédies. Une longue liste rassure parfois (dans l'ordre alphabétique : d'absinthe à zizyphum) : ouvrir à n'importe quelle page un dictionnaire des plantes sauvages suffit pour offrir au jardinier, presque exhaustive, presque disponible comme une pluie qu'une simple prière appelle, une troupe de serviteurs fidèles, ou d'alliés potentiels, des ressources apparemment inépuisables.

Mes fruits : trop mûrs, pleins d'un mauvais glucose ou remplis d'un sirop tenant lieu de santé ; des fruits aux assises larges comme les dos des baigneuses d'Ingres ou la femme-violoncelle aux flancs percés d'ouïes, poires d'autant plus callipyges qu'en tombant elles s'affaissent, s'évasent sous la chute de rein ; des fruits à terre, où ils s'abîment, prenant le devant des confitures et comme elles poissant par avance, attirant avec les abeilles toute une entomologie d'été (de la guêpe au blastophage) – sinon trop mûrs, trop verts, et réduits à la taille de bigarreaux, de naphtaline : mes prunes blanchâtres ont la dureté d'un œil de verre, le même goût acide (le jardinier adventice pourrait choisir ainsi pour fruits des poires trop mûres parce qu'oubliées, ou trop nombreuses, et du raisin vert, des mirabelles cueillies trop tôt, qui agacent les dents et rendent fébriles les chasses d'eau).

Mes champignons : peu nombreux, et d'autant plus inquiétants qu'ils n'ont ni odeur ni couleur, situés par la forme à égale distance entre une espèce comestible et une espèce vénéneuse, toutes deux semblables. Présents aux coins des rues ou aux coins des plafonds vers quoi l'obscurité aussi s'installe, ils jettent le discrédit sur la salubrité publique, l'hygiène urbaine autant que domestique, la capacité de tous à combattre la moisissure au fond des angles aigus.

Mes ronces : pour les faire pousser, croître, et multiplier, rien de plus simple que ce stratagème : profiter d'un cloître de moine, d'un jardin de cure, d'une cour intérieure attenant à un presbytère ou d'un cimetière à l'abandon : le tout est de convaincre le sonneur de cloches, le bedeau ou, s'il s'en trouve un, le diacre, que la ronce prenant racine au pied de son Christ en Gloire est celle issue, par boutures successives, de la couronne du Golgotha, un roncier maintenu en vie, de siècle en siècle, par des collectionneurs, des fanatiques ou des bénédictins jaloux de leur savoir.

[**nielle**]

Sur d'anciens cadastres, qui me servent de feuilles vierges (de brouillons) ou de cartes muettes (libre à moi de les remplir comme je l'entends, quitte à déloger d'un trait de plume, en barrant leurs noms, les inconnus sans doute morts depuis longtemps qui usurpent mes parcelles), je reporte point à point, mètre à mètre, l'avancée de mes frondaisons, de mes campagnes : le vert, par hachures obliques mais calmes (ma main ne tremble pas quand elle griffonne ainsi), couvre peu à peu le blanc de la page, contourne le trait des bâtis, semble suivre la ligne d'une rue, d'un passage, s'accommoder de son tracé pour mieux s'en échapper ensuite, pénètre le rectangle jusqu'ici inviolé d'un immeuble, traverse des bastions étroits, parfaitement perpendiculaires, rangés le long d'un boulevard comme des cartouches à leur bandoulière. J'use, au point de me retourner l'ongle, le crayon vert sauge acheté à mon intention par les services des archives ; j'en couvre des rames entières, j'étale ce vert commun avec tant de générosité (cependant mesurée : je rends uniquement compte d'une réalité alors en cours sur le terrain), que j'en viens moi-même à ressentir des nausées extatiques, semblables à celles (dit-on) des esthètes face à toutes les beautés de Florence.

[queue-de-scorpion]

Ma Fin des Temps, ma Grande Semaine, mon grand ballet de Patmos : au lieu d'être herboriste, paisiblement jardinière, aurait pu être entomologique, c'est-à-dire plus radicalement menaçante, diabolique, inspirant des terreurs enfantines, des phobies nocturnes, jouant sur la mauvaise réputation des araignées, le nombre et l'omniprésence des mouches, leur intolérable familiarité, l'invisible et l'à peine audible menace des moustiques, l'édifiante endurance de la blatte commune (*blatta orientalis* – rescapée de toutes les pulvérisations) et la culpabilité qu'elles inspirent aux ménagères gardiennes de la propreté ; l'ordre quasi légionnaire des fourmis, l'ascendance aristocratique, presque divine, du scorpion et du scarabée – j'aurais pu mobiliser les insectes, et recompter le nombre de leurs pattes, lancer sur la ville, comme une poignée de confettis, des nuages de moucherons, de guêpes ou de charançons ; cela m'aurait conduit à entretenir chez moi des terrariums, des lits de feuilles de mûriers pour nourrir les jeunes larves, un vivier de termites à disperser la nuit venue.

Mon apocalypse menée tambourin battant, à l'aide d'arthropodes ou d'arachnéens : ça aurait un petit côté saint au désert, retraite d'Antoine : les scorpions, les veuves noires, jouant à la fois le rôle de danger et de tentation, les cloportes, les myriapodes sous les pierres, dans les interstices, tenant lieu d'ombre (en plein midi : seule ombre marginale, résiduelle – ou inquiétantes apparitions nées du delirium tremens), tous ceux-là seraient enfin l'incarnation invertébrée de dieux païens chassés d'Égypte. Dans mon tableau apocalyptique, les venins des scorpions, des millipèdes ou des araignées, feraient figure de semence diabolique, de fiel et de curare.

Le jardinier devient alors éleveur de puces, comme à l'époque des foires à Grande Roue et des kinétoscopes ou aux abords des expositions universelles (un chien savant, une indigène, un phonographe, un Inuit, un automate, une Bantoue), éleveur d'insectes savants, tisseurs de toiles, tireurs de chars construits à leur échelle : si j'ai finalement choisi de ne pas faire de mon apocalypse anticipée une Fin entomologique – des nuages de sauterelles, une Babel-termitière anéantie sans sa propre charge, un jeu de scolopendres dans la nuit d'une chambre à coucher – je me permets tout de même un mélange des genres : je tolère deux ou trois insectes, traîtres à leur règne et complice du mien, moutons des bagnes ou leurre des stratèges : je débauche des phasmes, des chenilles, des papillons, puisque je sais que les premiers seront pris pour des rameaux, les secondes pour des tiges, les derniers pour des feuilles mortes : quelques otages, ainsi, étoffent mon infanterie.

[bâton-du-diable]

Des phasmes en forme de branches (ou le bâton-du-diable : *carausus morosus*), des papillons confondus avec le feuillage et l'*umbonia oriombo* avec un aiguillon, des coléoptères prenant le relief de l'écorce sur laquelle ils pondent ou survivent : ma cruauté envers les insectes, c'est de les prendre pour ce qu'ils ressemblent, et d'étoffer ma campagne : puisqu'ils acceptent malgré eux de participer à mon apocalypse végétale, d'incorporer ma troupe verte, acceptent de faire nombre en renonçant à leur animalité comme un trappiste à ses quatre humeurs et aux ressorts secrets de sa sexualité. Poussent le mimétisme jusqu'à prospérer grâce aux insecticides.

Sous prétexte de défendre l'environnement et de me montrer à cette occasion excessivement écologique, je ferais en sorte d'élire (ou de dénombrer, c'est tout comme) un prédateur pour chaque animal nuisible (des coccinelles pour en finir avec les pucerons par exemple – ou des grenouilles pour en finir avec les limaces : seul le bien-être phytologique m'importe), et un prédateur pour chacun de ceux-là, et ainsi de suite, au point de recréer dans mes jardins une sorte de cycle naturel fait de prédations et d'avalements successifs, une guerre de tous contre tous jusqu'à cet holocauste agréable aux dieux dont seule sort épargnée ma campagne.

[luzerne en toupie]

Dans les livres traitant de jardinage (manuels populaires, extrêmement terre à terre, où il est plus souvent question de manche de pioche que de sentiments profonds), j'ai entendu pour la première fois parler de tropisme – et dans le seul cadre de mes petites jardineries, j'ai finalement compris le sens de ce mot. Pour un horticulteur en campagne, toujours sur le qui-vive, le tropisme est un mouvement de troupe qui possède la grâce d'une danse de petits rats – la même harmonie, la même légèreté, le même souci de synchronisme – s'il doit mener au front des eucalyptus et des belles-de-jour plutôt que des fantassins et des cavaliers, il doit apprendre à manœuvrer les tropismes, en tenir compte et savoir comment ils se conjuguent : il négligera l'héliotropisme commun des tournesols, non par goût de la distinction mais pour éviter des manœuvres rebattues ; il privilégiera en revanche le géotropisme, l'orthotropisme, le phototropisme (surtout à l'approche des villes, où les lumières – néons et enseignes – ne manquent pas, tant pour faire diversion que montrer la bonne voie) et le plagiotropisme qui plaît davantage aux glycines.

Je me suis cru malin : fidèle aux nuits, à cause de mon sommeil rare et des jardins exigeant de moi des soins quelle que soit l'heure, j'ai voulu faire de la circumnutation le mouvement principal de mes stratégies ; je voyais dans cette manœuvre une sorte de ballet nocturne, de danse des Nibelungen, de rondes héritières des magies noires ou des cérémonies lucifériennes, j'y ai vu une navigation en aveugle, à tâtons plus qu'aux instruments; j'y ai vu également des promenades légitimes et malhonnêtes, des circuits à pas feutrés qui tourneraient dans le sens inverse des chemins de ronde, à l'encontre des crieurs de haro; j'y ai vu des mouvements de contrebande ou des valses lentes vaguement sataniques, des passe-passe et des échangismes de toutes natures au cours desquels le jardinier vient, sans se montrer, subtiliser le vrai pour déposer le faux; je voyais dans la circumnutation une reptation digne des serpents de Kipling, une pavane nocturne, mais lente et retardée, exécutée pendant que tout dort et à l'issue de quoi plus rien ne retrouve sa place d'origine – au mieux le nom donné à ces nuits pendant lesquelles tout se bouleverse, y compris mon apocalypse de raves et d'iris. J'ignorais alors que la circumnutation, loin d'être une navigation nyctalope, n'est que l'autre nom de l'héliotropisme.

[liane de saint Jean]

Juste avant le premier petit jour, une fois revenu de mes semailles (de mes récoltes), j'ouvre cette Bible à l'endroit où je l'avais laissée la veille – une feuille de *ficus carica* me sert de marque-page. Lire les écritures en parcourant la page de droite avant la page de gauche (qu'elle éclaire de son anticipation, puisque toute fin donne leur sens aux préludes) : on se résigne vite à chercher auprès des Épîtres ce que l'Apocalypse ne dévoile pas, puis dans les Actes ce que les Épîtres passent sous silence (– de Pierre, de Jacques, de Paul à Philémon), puis dans les Évangiles ce que les Actes taisent – à mesure qu'il remonte à son début, le lecteur avide de conseil considère ces absences comme un oubli, puis comme une négligence, puis un secret, enfin un complot.

Paul exhorte son peuple de nouveaux convertis à combattre par le feu les ronces, les broussailles et les halliers : il semble oublier (à force de prêcher sans boire, et debout sous le soleil d'orient, à force d'élever sa voix au-dessus des rumeurs païennes, des vieux restes zoroastriens, des rumeurs de Baal et des tambours de Cybèle) que son Dieu, Celui qu'il prêche, est aussi un buisson ardent.

[gants-de-Notre-Dame]
Les Normandes de certains portraits naïfs ont sous les yeux deux disques rouges en signe de santé pétulante, de vie au grand air, de brise marine et peut-être aussi de calva intempérant. J'ignore si la dame-d'onze-heures abuse à son tour de cidre bouché, si elle est fille de l'air marin ou victime de l'humeur sanguine, mais je distingue (quand je la vois : quand nous nous faisons face, au marché, en faisant mine de ne pas nous remettre) autour de ses yeux ces marques roses, symptôme de sa joie de vivre entre cuisine et chambre à coucher. Élégante à sa façon : même pendant les grandes chaleurs, elle tient à porter aux bras des manchons de lustrine, de ceux qu'enfilaient (à l'époque aussi des ronds-de-cuir) les fonctionnaires obsédés par l'usure – ou choisit des gilets à manches longues, qui la couvrent jusqu'aux poignets.

Son tanneur de frère devient rare, ne quitte presque plus la chambre qui lui sert de placard ; quand il s'aventure dans la cage d'escalier, il se fait de plus en plus étroit, si possible, refermé comme un parapluie par temps sec, les coudes collés au corps lui donnant la raideur d'un cricket ; il frôle les murs aussi près que possible avec cette démarche de malade immortel qu'ont tous les vieillards de moins de cinquante kilos. J'ai parfois le sentiment qu'il n'aspire qu'à s'encastrer dans les parois, sacrifier son propre corps pour assurer leur aplomb – un sens du dévouement et une conception de la maçonnerie semblable à ceux des Chinois morts pendant la construction de la Grande Muraille, cimentés dans sa masse. Peut-être cherche-t-il ainsi à conjurer mes sabotages, comme si sa maigre carcasse pouvait résister au travail des fleurs saxifrages.

La dame-d'onze-heures n'a rien d'une coquette ; je soupçonne même son frère de cacher ses bâtons de rouge et son rimmel, ses crayons à paupières et sa petite boîte de fard à joues qui ressemble, en plus chiche, à une boîte d'aquarelle ; je le soupçonne de jeter ses produits de beauté au vide-ordures avec un geste de puritain luttant contre le charme des femmes et les couleurs artificielles sous prétexte que la cosmétique est déjà une façon de tromper son monde. Pour toute fantaisie elle se contente d'un peu de céruse étalée sur le visage – un mélange de poudre de riz et de farine complète – à quoi il faut ajouter peut-être, à l'arrière du mollet (je n'en jurerais pas) de fins liserés violets, un tatouage le long de la cheville : ce qui pouvait passer, il n'y a pas longtemps, pour des varices bleues, des sarments affleurant, d'abord discrets puis conjoints, entrelacés, pour ressembler finalement au cheminement d'un lierre le long d'un mur blanc.

[Suzanne-aux-yeux-noirs]

Seul, il est peut-être impossible de mener à bien ses projets : sans doute est-il nécessaire d'agir à plusieurs, au moins à
deux, et de recomposer des couples célèbres, impétueux
à leurs façons, en invoquant tour à tour les mânes d'Héloïse
et Abélard, d'Hansel et Gretel, de Bonnie et Clyde – ou, en
remontant plus loin dans l'histoire (après avoir situé successi-
vement ces couples dans un jardin médiéval semé de mandragore, de gingembre et d'une seule rose, dans un sous-bois
obscur où les fraises sauvages sont à la fois des munitions de
bouche et des armes de poing, dans des champs de maïs où
des fugitifs trouvent de quoi passer inaperçus), celles d'Adam
et Ève, chassés d'un jardin dont on ignore à peu près tout
(impossible de savoir s'il est composé d'un gazon court, couleur de petits pois anglais, de vergers sempiternellement fleu-
ris, de potagers réservés aux citrouilles, de lacis enchevêtrés
dans lesquels seul le Créateur retrouve son chemin). Peut-être
devrais-je demander à ma voisine, la dame-d'onze-heures,
dont les lunettes de soleil ne dissimulent pas le noir des yeux
(le doublent, au contraire, en reprennent pour ainsi dire le
motif), d'être la dame de ma fugue, de mon chant, d'être ma
dame en rupture de ban, unie à moi pour le pire, complice
de mes mauvaises cultures et propageant en ma compagnie
ma mauvaise graine. En dépit de ses mentons multiples où
sa figure semble reposer comme sur un coussin, en dépit de
sa poitrine lourde, de son ventre du huitième mois, de ses
jambes variqueuses, il serait peut-être possible de métamor-
phoser cette matrone à la marmite en Vampirella gracile,

125

capable de grimper d'un coup de reins sur les toits pour y faire pousser des vivaces, ou se servir d'un lierre pour gravir une façade comme s'il s'agissait d'un rideau auquel s'accrocher afin d'aller rejoindre un amant monte-en-l'air.

Cette femme, ma voisine, qui ne connaît des légumes que les fanes et des herbes que les soupes, pourrait courir la ville pour me venir en aide, acheter des semences ou de l'engrais dans ces officines, ces boutiques, où l'on commence à me regarder d'un drôle d'œil, où l'on commence à se méfier de ma fidélité, puisqu'on se méfie de toute régularité surtout lorsqu'elle reste anonyme, laconique, taciturne même, et cache un complot universel sous un imperméable transparent. Uniforme et commune, mêlée à des ménagères en tous points semblables, la dame-d'onze-heures pourrait discrètement propager mes herbes sauvages, disperser mes semences à l'autre bout de la ville, me servir de complice en doublant ma campagne, dérouter les agents en civil, qui pourraient s'étonner de mon manège – ou bien, debout devant la vitrine d'un parfumeur, l'air d'envier son contenu ou d'entamer une file d'attente, elle ferait pour moi le guet, me signalerait l'arrivée d'importuns armés d'herbicide.

[galant-de-nuit]

Pour amadouer ma voisine, en évitant son tanneur de frère (il n'est pas question de mener un Vaudeville et, à mon âge, par respect pour mes vieux os, je n'ai plus l'intention d'endosser le rôle du prétendant), ou simplement pour établir un contact en me montrant aussi réservé que possible, j'ai cru bon cueillir quelques fleurs sur les lieux de mes campagnes, composer un bouquet en fonction du langage symbolique

dont certains vieux livres de convenance parlent encore –
enfin déposer le tout sur le pas de sa porte. Faute de bouquet
de fleurs coupées (ostensible, périssable, et d'un romantisme
lâche un peu trop appuyé à mon goût), j'ai trouvé plus judi-
cieux (voilà le jardinier qui prend la parole à ma place) de
déposer sur son balcon une jardinière remplie de terreau
nu, sous lequel j'aurai dissimulé des oignons de tulipes, qui
viendront avec le temps : je n'ai pas trouvé meilleure façon de
rendre mes avances progressives, mesurées.

Certaines fleurs sont longues à venir, longues à monter, et
ne s'ouvrent qu'un seul jour, une seule nuit sans lendemain.
Mais une fois mes tulipes germées, ouvertes, épanouies puis
mortes, elles sont retournées à la terre et cette floraison trop
brève, aussitôt perdue, n'a pas suffi à me servir d'entremet-
teuse. J'ai choisi (laissant tomber les fleurs, leurs pétales
impermanents) de me fier, à l'avenir, à des plantes plus
consistantes.

L'idée ne m'est pas venue de rien. Il m'arrive de cultiver
sur mon balcon des légumes pour mon propre compte, ma
consommation personnelle (mais, à la vérité, je cuisine peu,
et mal, les pommes de terre sont pour moi d'étranges cailloux
qu'un bouillon de trois heures transforme laborieusement en
un brouet, les aubergines sont des semelles de liège, les
salades un vivier de pince-oreilles et de limaçons où je ne
trouve moi-même, en triant, pas de quoi me constituer une
entrée satisfaisante – l'art culinaire se résume dans ma cuisine
à différents modes de décongélations, le goût est selon ces
critères la forme que prendra cette décongélation) ; je fais

pousser des légumes dans deux ou trois jardinières côte à côte ; ils poussent à l'air de la ville et vieillissent sous la brume, les jours de grands surmenages : faute de temps je renonce bien souvent à cuisiner ces racines, il me paraît presque aussi miraculeux de tirer un repas d'une rave que d'un morceau de bois, d'une planche ou d'un soulier ; mes légumes abandonnés meurent d'avoir trop mûri, périssent à force de soleil et d'eau, se décomposent sur pied, mais à un rythme bien plus lent que celui des fleurs, déposent au fond de mes jardinières une couche de compost à l'odeur évasive : je récupère soigneusement cette pâte et je m'en sers d'engrais, à l'extérieur, à l'intention de plantes plus fragiles, de mes campagnes en cours.

Il m'est ainsi arrivé de cultiver des cornichons qui, d'abord minuscules et grumeleux, recouverts d'un léger velours qui agace ou attendrit, peuvent être atteints de gigantisme, si les conditions sont favorables – mais le jardinier n'est pas là pour entretenir des phénomènes. J'ai pu constater un matin que la dame-d'onze-heures, choquée peut-être par mon attentisme, cette négligence, ce gaspillage de légumes frais voués à la pourriture, avait fait sa propre récolte, ne laissant derrière elle plus un seul cornichon vaillant – quelques jours plus tard (ou l'après-midi même), en guise de remerciements, ou d'excuses, comme on partage un butin, un trophée, elle dépose un bocal au pied du ficus qui, en l'absence de clôture, marque sur notre balcon mitoyen la limite de nos deux territoires : une cinquantaine de cornichons y trempent, serrés comme les âmes damnées au portillon du Tartare, dans un mélange de vinaigre, d'eau claire, de sel et d'aromates. En saluant ma dame (un toast célébré non pas verre levé, mais cornichon brandi), j'ai croqué ce premier légume, histoire de sceller notre échange, de rendre hommage à son présent : le cornichon relevé par la saumure ou le vinaigre cristal m'a été une illumination, une révélation, l'agent acide de l'évidence : c'est par le légume et le potager, non par des couronnes de fleurs, que j'amadouerai ma voisine.

[raiponce en cœur]
Une idylle potagère : des carottes en guise de bleuets, des poireaux pour marguerites, des raves barbues, amères, indigestes (même cuites sept jours à l'eau bouillante) en guise de pivoines ou de renoncules ou d'iris ; pour faire la cour à la dame-d'onze-heures (certaines filles de Pondichéry se dessinent à la cendre un troisième œil entre les deux sourcils – ma voisine s'en peint deux, larges et plutôt mauves, non pas sur le front mais de part et d'autre de l'arête nasale), je fais pousser, sur mon balcon, des navets, des cardons, des patates douces (qu'elle pourrait considérer, à juste titre, pour des substituts de pommes de terre, mais en plus tendres, en plus tropical, en presque amoureux – cette patate exotique serait notre fruit de la passion). Le langage des fleurs, présent dans mes pots de terre cuite, sera accompagné (pas remplacé) par un langage des légumes, des racines, des salades : le piment exprimant l'ardeur creuse, le salsifis l'amour durable et fade, le pissenlit la rusticité de nos mœurs, l'amertume de la vie au détriment de la douceur supposée, et de toute façon médiocre, de sa fleur. Le botaniste amoureux, comptant fleurette sur des

artichauts, des choux pommés ou des scaroles, doit savoir pourtant se passer de cucurbites, de panais, de radis noirs et même de bananes en dépit de la tendresse évidente et des vitamines en grand nombre dont elle se fait la complaisante pourvoyeuse ; s'il en vient toutefois à offrir l'une ou l'autre de ces courges, de ces racines ou de ce fruit, il saura ne pas en faire un substitut, un objet transitionnel, un gage trop éloquent de privautés impossibles, il saura éviter l'allusion grivoise et tout anthropomorphisme simplificateur.

[raiponce humble]

Mes légumes en échange de sa cuisine : un petit commerce grégaire, primitif, peut-être vivrier s'improvise de part et d'autre du ficus séparant ma terrasse de celle de ma voisine : sur le balcon, au jour le jour, nous mettons sur pied une économie de troc, d'échange et de bons services, un marchandage sans marchandage, ni affaire, encore moins bénéfices, de ces économies à ce point étrangères à toute finance que l'unité coquillage (en l'occurrence, la graine de potiron) en est la seule monnaie autorisée.

(Je sais que ma voisine se sert, je l'entends faire braiser les aubergines et les courgettes mises à sa disposition – déposées à ses pieds, ou plutôt sur le balcon, en guise d'hommage lige.)

[caca-poule, narcisse incomparable]

Serres précieuses, parcs à la Française – et jardins de curés, cultures vivrières improvisées dans une basse-cour : je recrute partout, sans distinction de classe. Agir de la sorte revient à réconcilier plantes sauvages et plantes domestiques, le liseron vulgaire et l'amarante ; dans mes jardins clandestins, jardins d'amateur, dont je parsème toute la ville, dans les massifs grossiers où seule la ronce, finalement, compte, je mêle la bourrache aux airs ploucs et l'une ou l'autre de ces précieuses dont on ne connaîtra jamais le nom vulgaire (*clivia miniata* et *gloxinia speciosa*), je recrée à ma manière des Ententes nationales, des Comités de Salut public : le camélia passant pour snob et l'épinard toujours plus ou moins encombrant, jouent, alignés sur un même front de broussailles, les rôles du noble et du charretier unis pour renverser une couronne abusive – rois et gueux enfin unis au jour du Dernier Jour.

[**ronce revêtue**]

Suivre la mode ou bien le cours des choses, le goût du jour ou le vent de l'histoire ? : je pourrais reconvertir en jardins des friches industrielles, des anciennes casernes, des prisons déchues (les plans panoptiques reprennent les places en étoile chères aux chasses royales), des entrepôts où la farine de poisson semble anticiper la jachère ou me servir d'avance d'engrais nauséabond, des hangars où un fret pourrissant servirait de fumure pour mes gazons à venir. Si j'en avais les moyens, je convertirais des crassiers en parcs (je ferais, hypocrite, l'éloge de l'espace vert comme si ce vocable désignait une sorte de place assise, de moquette chaude, ou de carpette) sans pour autant me contenter de pelouses bien tondues, j'en ferais des ronciers inhospitaliers, sous le vent, des quartiers libres dans lesquels règne le désespoir-des-peintres (je laisse les cheminées en place pour qu'elles me servent de tuteurs) ; je ne cherche en aucun cas à masquer les entrepôts abandonnés sous les roseraies ou les hortensias, mes fleurs ne sont pas toujours là pour servir de cache-misère : je m'arrange seulement pour que les branches et les racines soulignent les décombres.

[benoîte rampante]

Je me ferais malherbologue pour fréquenter le bas du pavé (de même je fréquenterais les gouttières si j'étais voleur de chats), je me ferais malherbologue pour m'accroupir sans complexe, trouver des prétextes nobles, culottés, pour fourrer mon nez partout où le rez-de-jardin affleure, fréquenter les caves, arracher les bonnes feuilles, vouer les roses aux gémonies, éviter les fleurons des arcades ; j'invoquerais la science pour rôder à hauteur des pâquerettes et des pissats de bassets, à hauteur aussi des renoncules sauvages quand elles poussent à travers un soupirail, cherchent le soleil sous la semelle.

Le malherbologue ne fait pas la fine bouche, pas plus qu'il ne se pince le nez : si le jardinier usurpe ce titre, il doit faire mine de tout savoir des crapuleries, des herbes de fourvoiement, des plantes adventices, de la consoude, de l'ivraie, des cymbalaires et des racines traçantes.

[silène attrape-mouche]

Le jardinier prend l'herbe folle sous sa protection – et fréquente le fumier : il est de son devoir de ne pas négliger, encore moins mépriser, aucun des modes de l'excrétion ni aucune forme d'excrément (sauf si, au fil du temps, le crottin sèche pour devenir brique stérile : il fait alors office de matériau de construction et ne concerne plus que les rebâtisseurs), il ne tord pas le nez à la saison des épandages : cette loi, ce trait de caractère devenu style de vie, s'accorde d'autant mieux au botaniste de mon espèce qu'il n'a pas pour devoir d'agrémenter les derniers jours par des parfums de réséda.

Les lieux communs du romantisme prennent entre mes mains une valeur concrète : *la fleur pousse sur un tas de fumier*; toutes mes plantes préfèrent une décharge avancée, mal rebouchée, à un vide sanitaire ; préfèrent la fange au sable trié sur le volet, passé au tamis, débarrassé de ses acariens comme de tout son sel ; mes fleurs tirent leur sève parfois sucrée, doucereuse, d'un marigot saumâtre, un pétrole, une huile saturée. Un prêcheur moins scrupuleux que moi (qui ravale mes commentaires) ferait de ses floraisons le signe d'une corruption profonde. (Bien sûr mes pissenlits se nourrissent des morts dont ils absorbent la sève – mais à ceux qui reprochent l'origine douteuse de mes jardins, je répondrai que la pourpre tire sa couleur de la cochenille, que l'encre sépia est l'humeur d'un céphalopode, que l'esprit igné, le sel volatil ainsi que le magistère sont tous tirés de la même urine – et révérence gardée à mes livres d'histoire, j'ajouterai que des reines de France, plutôt princesses palatines, se parfumaient à l'eau de mille-fleurs, obtenue après distillation de bouses de vaches – cueillies au mois de mai, le mois de Marie.)

[fourrage-de-disette]

Les herbiers du jardinier adventice débordent d'orties et de barbes-de-bouc, rarement de pétales de roses, sauf lorsqu'il faut suggérer des pouvoirs urticants sous des promesses de douceur ; ses herbiers comportent plus de feuilles que de pages et font plus volontiers l'éloge des racines inutiles ou des plantes dangereuses que des fleurs ornementales – d'autres au contraire ne renferment aucun brin d'herbe, ni un seul pétale séché, pour mieux affirmer peut-être, et de façon grandiloquente, que l'essentiel des campagnes se déroule en dehors, ou pour laisser entendre au lecteur en quête de preuves qu'il en ressortira bredouille (mais il s'agit plus probablement de négligence, ou d'un cahier vierge attendant son heure) – d'autres enfin compilent avec tant d'obstination l'essentiel des arbustes épineux, des ronciers, des sarments couverts d'aiguillons, que leur lecture, déjà (c'est du moins le but auquel aspire le jardinier), écorche les mains.

Pour recrues, il exige par-dessus tout des plantes rustaudes et solides, n'ayant pas froid aux yeux : du sainfoin de préférence, plutôt que des bonsaïs qui exigent (pour adopter, par exemple, la position courbe dite du lettré) des soins précis, une humidification mesurée, une taille complexe effectuée aux ciseaux de couture, et de savantes tortures à base de fil de fer. Rustiques et solides : des mauvaises herbes, dures à la tâche, qui n'ont pas besoin d'échenillage, ni de buttage, ni de sarclage, encore moins de sonate diffusée pianissimo, et capables de résister aux herbicides comme aux piétinements ; de ces plantes qui, après un incendie de forêt, sont les premières à repousser : un regain, ou plutôt la pugnacité des simples. Le jardinier apocalyptique embauchera par exemple la ravenelle et le raifort : l'une pour sa capacité à s'introduire, à ramper, à s'accommoder de n'importe quel sous-sol, sousbois, soupente – l'autre pour lui servir d'épice, de condiment, afin de relever si nécessaire la fadeur de ses petits sabotages.

[cloche, petit-dragon vulgaire]

Traînasse, herbe aux teigneux : mes compagnons semblent être recrutés (avant repiquage) au sein d'une cour des gueux, de la pire ruffianerie, d'une bohème qui serait à la fois un potager de prêtre en rupture de ban, ou celui d'un libertin alternant des légumes riches en vitamines et des mauvaises herbes capables de faire disparaître les fruits d'amours trop prolongées (il s'agit aussi de poisons, considérés au plus large sens, c'est-à-dire le plus lâche : un empoisonnement allant du haut mal à la diarrhée : de la dysenterie à une mort socratique). Mes compagnons composent à la fois une friche, un terrain vague laissé à l'abandon où la bourre des matelas, les bouteilles vides, les pelures de latex aux allures de mues serpentines semblent être nées du sol, ici chez elles, au même titre que la mallette-à-berger ou l'herbe-à-mille-trous. Compagnons de misère, voisins de table à la Falstaff, nabots rouge pivoine mâchant leurs langues ou écorchant celle de Shakespeare, chardons scabreux arrachés au cimetière des Innocents, rue arrachée à sa terre battue : plus mes complices sont vulgaires, de mauvaise réputation, couverts de poils, d'aiguillons, d'un duvet irritant mêlé à la poussière, nourris essentiellement de rejets, de la diversité en la matière, plus mes acolytes rampent bas, accrochent les chevilles, fréquentent les chiens, prennent racine sur du salpêtre, de l'eau croupissante ou, pour certains champignons de couche, sur des oreillers de crottins : plus mon herbier semble provenir des caniveaux, des soupentes ou de murets vermoulus à cheval entre les toilettes pour hommes et les toilettes pour dames plus ma troupe est pouilleuse et plus je me réjouis ; j'ai l'air ainsi d'un meneur de foules, d'un lettré capable de mobiliser les trois-huit, de débaucher des tourneurs ; je me vante d'entonner, à chaque fois que j'arrose ma pelouse, un appel aux prolétaires.

Il est possible de faire mieux que cela : non seulement le jardinier débauche les pires engeances, de l'ivraie au pâturin, du pissenlit au seigle adventice (avec ou sans son ergot : peu m'importe, les maladies de mes troupes sont autant de munitions, une sorte d'arme secrète : le feu de saint Antoine accompagne dignement mes Derniers Jours, fera office de feu de Sodome ou grégeois, une version naturiste du napalm) – mais il se vante d'enrôler dans sa procession et d'envoyer au feu des bas-bleus, des primevères, des pervenches, des précieuses réputées fragiles ou des boutons de roses persuadés jusqu'alors de n'avoir à fréquenter pour le meilleur et pour le pire que la dorure des salons, leurs miroirs, et le verre glacé de vases (où ils meurent en ouvrant leurs corolles, comme si agoniser c'était s'épanouir). Obsolètes avant même d'avoir lieu, certaines fleurs de serre en transit chez un marchand croient n'avoir pour destin que des chambres (mieux que des chambres, des caméristes) et des sofas, n'avoir pour seule torture que de supporter, le temps d'un voyage, du papier cellophane – au pire, certaines d'entre elles (campanule, aster, narcisse, mimosa) envisagent de côtoyer, le premier mai, un brin de muguet vendu pour célébrer Travail et ses Pénates. Au fond, mon sentier lumineux vers l'apocalypse (vers Patmos) est semé autant de casse-pierre que de pétunia, de bardanes que de myosotis, de laiterons que de belles-de-nuit. (Supposons que le jardinier propage son apocalypse sous la forme édulcorée d'une jacquerie – dans ce cas : réveiller les corons, partager la goutte avec l'équipe de nuit ou tuer le ver avec les cheminots, fomenter une sédition à la cantine, porter la parole du soulèvement dans les cages d'escalier ou les caves communes, murmurer le nom de Bakounine (ou celui de saint Jean) aux parieurs des bistrots comme si c'était lui le bon cheval, prêcher la Fin des Temps à des comités d'entreprise embarrassés par des problèmes de crèche et de vestiaire – voilà qui tiendrait de l'héroïsme. Quant au miracle, il reviendrait à convaincre des jeunes filles en fleurs à porter salopette, ou chanter des refrains espagnols, reviendrait à apprendre à des demoiselles hésitant entre le piano et le catéchisme des insultes traduites du chinois de Mao, ou à inciter les dames à quitter leurs boudoirs pour reprendre Billancourt (comme avant l'heure d'un baiser adultère, il faudrait leur rappeler d'essuyer leur rouge à lèvres), convertir des parfumeries en phalanstères).

À la recherche de quartier de noblesse (malgré tout) : dérobé par mes soins, le sophora du Japon, acclimaté sous Louis le Quinzième par une grande famille d'herboristes (pas très loin de Versailles et de ses jardins dépourvus d'enfance), apporterait un peu de noblesse et d'ancienneté à des troupes le plus souvent privées de pedigree.

[pommier d'amour]
Au cours de sa campagne, menée à l'occasion dans la terre meuble fraîchement retournée (sinon menée, tirée par une paire de bœufs), le jardinier se fait des amis, parmi ses sem-

blables (l'effort, l'adversité et la promiscuité incitent à nouer des liens – voilà toutefois ce que l'on me rapporte avec assurance – la pénurie est promoteur d'une tendre fraternité, la misère de tendres incestes, l'autarcie de tendres et nécessaires autofécondations). Le jardinier se fait des amis : il apprend du moins à ne pas mépriser le lombric (jaïn plus que jaïn : j'épargnerais même les punaises si je connaissais le rôle qu'elles jouent dans *mon* écosystème). Le ver de terre, jusqu'ici chassé au même titre que la taupe, trouve finalement grâce à ses yeux, parce qu'il remue le terreau, l'aère et prodigue aux plantes, aux plus minuscules d'entre elles, des canaux invisibles aussi fins qu'un vaisseau sanguin, par où leurs radicelles (cheveux d'anges) se fraient un chemin. Le jardinier, bon pasteur, approuve l'azote que ces misérables sécrètent et diffusent, comme le rossignol ses trilles, car, aussi bas dans l'échelle des créatures, il n'y a pas d'excrétion abjecte : le ver est si petit, si vil, et à ce point semblable à ce que d'autres rejettent, que son excrément ne saurait se tenir au-dessous de lui. Le jardinier apprend à les aimer, sans pour autant s'en soucier, ni contenir sa violence, parce qu'il sait qu'un coup de bêche, s'il les fend en deux, loin de les tuer suscite au contraire leur parthénogenèse, et fait office d'accouplement, de nuit d'amour et d'accouchement.

J'ignore si je pourrais partager avec d'autres mon intérêt pour les vers de terre – j'ignore si je pourrais convaincre la dame-d'onze-heures par exemple ; je me contenterais de bien moins : qu'elle ait à mon égard l'indulgence que j'éprouve envers les lombrics.

[salicorne à racines adventives]

Dans mes jardinières installées sur le balcon ou dans ce minuscule potager cultivé clandestinement dans un coin de pelouse réservé aux locataires : la dame-d'onze-heures se sert, en prenant de moins en moins de précautions, en se montrant de moins en moins discrète à mesure que la confiance s'installe et que mon attentisme de hobereau montre la mesure de mon hospitalité, de ma tolérance. Elle m'emprunte, selon la saison, des endives ou des olivettes, sans prendre la peine de masquer ses vols ; mes cultures essaient de suivre les cycles naturels, tentent de varier le menu ordinaire avec cette pauvre fantaisie que nous permettent les légumineuses : aux racines du tout-venant, j'ai rajouté, en retournant la terre aussi souvent que possible, des petits légumes de printemps, des oignons grelots, des carottes nouvelles et des fleurs de courgettes que la dame trempe dans une étrange friture pour les en ressortir sous la forme de beignets (elle ne cuisine que pour moi : réserve son bouillon pour son propre ménage) ; je m'efforce de faire pousser le mois de mai en plein hiver et les fruits de juillet au printemps (tomates cœur-de-bœuf, tomates-cerises et tomates jaunes, abricots et pêches blanches, poivrons rouges et piments corne-de-bélier). J'ignore s'il s'agit de simples amusements ou d'une forme élégante de tendresse agricole – des jeux agraires plus que bucoliques ; toujours est-il qu'à mon potager grossier, tout juste alimentaire, j'ai tenté ensuite d'ajouter une touche de poésie qui emprunte aux grotesques leurs théories de jardins et de chimères florales, et à Arcimboldo ses portraits monstrueux établis selon les arrivages ou selon le marché. Madrigal ou sérénade, ma poésie à ras de terre s'exprime sous la forme de tomates vertes, d'aubergines blanches, de courgettes jaunes et de pommes de terre violettes, enfin de courges phénoménales de la taille et de la forme d'un olifant – comme pour prouver que mon potager, académique en apparence, sujet de mille complaisances, soumis à tous les consensus, est en vérité le lieu où les couleurs s'inversent et se redistribuent avec une audace d'excentrique, une audace de Diogène fustigeant, corne au cul, les conventions. Plus tard encore, en rajoutant à côté de mes plates-bandes des carrés d'herbes parfumées (ciboulette, sauge, aneth, persil plat, coriandre, thym-citron, romarin, basilic, oseille et cerfeuil), j'avoue muettement à ma dame-d'onze-heures mon désir chevaleresque de relever son ordinaire, de donner enfin un peu de goût à ses bouillons – (de quoi assaisonner son tapioca, qu'elle semble préparer sous la pluie, et qui évoque, à chaque cuillerée, une promenade dans la boue). Pas de fleurs dans ce demi-jardin uniquement dévolu à une gastronomie romantique et ménagère, une gastronomie un peu triste sans doute (la voisine, notre potager, moi-même : des yeux de chien battu), mais qu'agrémentent des potirons toujours plus gros, toujours plus ronds et rebondis, des piments écarlates et des figues sur le point de se fendre, pour laisser croire que l'été est suffisamment mûr.

[orabanche en cotte de maille]

L'idée m'a caressé de créer en pleine ville mon propre corps expéditionnaire, prêt pour la mission ou faisant office de légion étrangère (ils tiennent en substance le rôle de Gog et Magog, le rôle de nations sanguinaires, plus nombreuses que le sable de la mer, venues, d'après Jean, d'après Ezéchiel, d'après d'autres chroniqueurs, des bords de l'océan septentrional, au-delà des portes caspiennes, pour déferler à nos frontières quand viendront les Temps Messianiques) ; aux yeux de mes concitoyens, ils passeront plutôt pour une troupe increvable, pour des mercenaires d'Hamilcar habitués aux climats les plus arides et aux expositions les plus éprouvantes : j'ai voulu de la sorte sélectionner un corps de brutes entraînées au pire et issues de régions sans merci : cette compagnie de gladiateurs, c'est un fagot de cactus-cierges importés du Mexique, vendus par des importateurs, longs boudins couverts d'aiguillons au lieu d'armure, rassemblés en bataillons compacts, l'un sur l'autre à la façon des formations serrées de Scipion vers Carthage ; plantes invulnérables, que rien ne pourrait soudoyer, prêtes à tenir sous le soleil comme en plein désert, et supporter la soif jusqu'à ce que, le plus tard possible, mort s'en suive (pour durer, le cactus-cierge ne transpire pas, ça lui est un point d'honneur, une tradition, comme il est notoire qu'un Lord ne rit jamais et que certains Indiens de Manhattan ne souffrent pas du vertige). Un seul bouquet de cactus-cierges au milieu d'un jardin d'enfants, outre la menace qu'il inspire (le *sentiment d'insécurité*, beaucoup plus redoutable, à en croire le gendarme, que les bandits eux-mêmes) à cause de sa silhouette de gibet floral surplombant les toboggans et les bacs à sable, suggère aux promeneurs qu'un notable dysfonctionnement du climat ramène les déserts aux portes de la ville – et avec eux, les scorpions, les coyotes, les barbaresques.

Ceux qui ont l'air le plus confortable (je songe aux coussins de belle-mère – *echinocactus grusonii*) sont aussi les plus dangereux, les plus inextricables : ils ne relâchent pas leurs captures, ceux qui ont eu la maladresse de les prendre pour siège.

(Planter sur terrain composé pour moitié de compost, pour moitié de sable, coupé de charbon de bois ; arroser si nécessaire une fois par mois en hiver, une fois par semaine le reste de l'année.)

[astragale hérissée de piquants]

Certaines de ses mises en scène sont redoutables, allient l'efficacité des colonnes romaines à la force naturelle, invisible, des grandes épidémies : s'il ne prend pas suffisamment de précautions, l'horticulteur voit ses cactus-raquettes, plantés modestement au cœur d'un parc pour vieux résidants, proliférer sans retenue ni limite, se multiplier selon un rythme de croissance exponentiel : rejouer sans le savoir la grande catastrophe de 1839, quand un seul de ces cactus importé en Australie a failli envahir le pays, couvrant vingt-quatre millions d'hectares en moins de temps qu'il ne faut à la myxomatose pour décimer une centaine de lapins.

[ruban d'eau]

Les algues tueuses, aussi nommées marée verte, donnent du souci, chaque été, aux ministres de l'Environnement, aux plagistes orientés vers le soleil, aux touristes inquiets, en saison, de l'équilibre fragile des écosystèmes – elles prolifèrent toujours aux abords des baignades, côtoient les bouées, les bikinis, les volants de badminton, remplacent les méduses selon les années (le jardinier adventice, on le sait, ne prend pas les baigneuses pour cibles – mais si c'était nécessaire, si son apocalypse l'exigeait, il se ferait toxicologue, mycologue et plongeur, il parviendrait à l'issue de plusieurs croisements, d'un bon nombre d'accouplements troubles – le plancton et les mollusques ont des amours qui vacillent entre secret et sordide, mystère et vice, androgynie et hermaphrodisme – à rendre ces algues vertes aussi urticantes, sinon translucides, que les méduses elles-mêmes). En ville, l'effet de l'algue tueuse est moindre, presque nul, les chemins qui mènent de la mer aux lavabos des métropoles sont semés d'obstacles, de barrages et d'écluses, des filtres que seuls savent surmonter les saumons. Le jardinier peut cependant faire venir les eaux du littoral en ville, sans avoir à faire rouler des citernes depuis la côte jusqu'aux terres de l'intérieur : avec un rien, trois fois rien (sel, iode, ressac), il est sans doute possible de transformer les fontaines publiques en mers intérieures, et d'y faire prospérer des algues, d'abord microscopiques, d'une légère teinte verdâtre, puis plus effrontément proliférantes – (ne négliger aucune ressource).

Dans les fontaines, dans les aquariums : ceux des particuliers, ceux des salles d'attente, des grandes chaînes d'hôtels : le jardinier verse, à la petite cuillère, des prélèvements minuscules, transparents, de *caulerpa taxifolia*. Ceux qui l'observent croient voir un excentrique nourrir les poissons clowns avec un peu de chapelure.

[grande toque]
Ma voisine : pour donner de la couleur à ses polentas
(elles n'ont été jusqu'à présent que des nuances de blanc, de
gris certains mauvais jours : la dame-d'onze-heures semble ne
varier sa cuisine qu'à mon intention : l'unique bouillon, son
unique sauce allongée au robinet, cède alors la place aux
gratins, aux papillotes, aux brochettes, aux salmis, aux gou-
gères, aux salades, aux feuilletés, aux tartes, aux flans, aux brai-
sés, aux fritures, aux farces, aux étouffées), je m'efforce de faire
pousser du safran, des crocus et des amaryllis dont je récolte
les stigmates, un cannelier (sous mon auvent), un sumac, de
l'ail et quelques plants de sénevé qui me fournissent la moutarde, des racines de raifort, de curcuma et de gingembre, un
poivrier et un plant de pavot : j'offre ses graines à la cuisinière
qui, je suppose, saura en assaisonner les bouillies servies à son
tanneur, pour leurs soupers en tête-à-tête.

L'extinction de toute chose, sur le papier et le terrain,
comptée si l'on veut feuille à feuille, brique par brique (certains expropriés dont le toit commence à goutter partent en
exode avec, sous le bras, un sac contenant le plus gros de leurs
tuiles) : je recule le moment d'en parler à ma dame, peu
décidé à lui faire part de triomphes visibles peut-être de moi
seul, d'une rue à l'autre. Toujours sur le point de rompre le
silence, je voudrais profiter d'un vrai moment de calme entre
deux courses pour tenter d'enrôler ma voisine et lui dire tout
le bien que je pense de son aide : il aurait fallu pour cela se
voir seuls, dîner en couple, partager à l'instant pour une fois
notre butin commun de courges et de sorbets : mais il faut de

la manière pour mettre l'autre dans la confidence, un rituel
de bougies et de petites bulles, et un doigté que je n'ai pas
encore, ou plus jamais.

[ronce à deux faces]

(Peut-être m'adresser à elle comme jamais je n'aurais osé le
faire dans d'autres circonstances – les circonstances ? la fin
de ce monde – en lui faisant parvenir une lettre anonyme :
qui sans mon nom m'épargnerait les représailles de son frère
s'il tombait sur cette correspondance, et s'il prenait ma mobilisation générale pour une façon de faire la cour, d'un ton sec.
Bien entendu, cette lettre anonyme mais sincère, je n'en
découperais pas chaque signe ou chaque mot dans du papier
journal (l'appel à l'aide comme l'anagramme tronquée d'une
bonne nouvelle), mais dans l'encyclopédie universelle de la
flore : ainsi, tout ce qui se dit serait, dans l'ordre retrouvé, un
bout à bout de noms de plantes : rien que des noms et tous
les noms, y compris les verbes et, malgré l'anonymat, une
formule de politesse.)

[herbe-aux-gueux, figuier clown]

Le jardinier se penche sur le compost, la fumure, les mauvaises herbes et sur des racines profondes, inextricablement
nouées à des câbles électriques enfouis depuis des lustres.
Aucune vulgarité ne déroute sa campagne – de même, il
n'existe pour lui aucun modèle indigne d'inspiration (comme
ces insurgés spontanés faisant barricade de tout, y compris
des rossignols dont ils veulent se débarrasser et des projectiles
qu'ils reçoivent) – même les pires farceurs, les pitres de caba-
rets, les comiques troupiers ou des artistes de plus grande

envergure capables de lever Carnegie Hall, même les clowns dépourvus d'humour pourraient lui servir, aux côtés des prophètes millénaristes, de héros à singer, promoteurs de techniques à reprendre, quitte à les adapter aux mesures de sa campagne : il y a, par exemple, à la boutonnière des Augustes pitoyables, une fleur de plastique qui, à l'aide d'une poire et d'une ruse hydraulique, crache un peu d'eau à la figure des clowns blancs (Monsieur Loyal).

[ache inondée]

Ouvrir les Écritures est parfois décevant pour qui y cherche des modèles d'apocalypse autres que la Walpurgis de Jean, autre que les prophéties obscures d'Ezéchiel.

Bien sûr : chasser les marchands du temple (renverser les étals, dévaluer les cours, décrier la monnaie ou percer un bas de laine comme le font les bouchers d'un mouton pendu par les pieds au-dessus d'un baquet) : mais ce substitut aux Fins dernières se contente de toiles crevées, de cagnottes balancées par-dessus tête, d'une émeute capable, tout juste, d'émouvoir un comité de quartier.

Bien sûr : les piliers que Samson renverse en un geste d'athlète faisant de lui, l'instant précédant sa propre mort, une sorte d'homme vitruvien au service de la cause sioniste – bras à l'équerre, jambes écartées – et faisant de sa révolte une simple extension du culturisme, une version de l'haltérophilie tournant mal.

Bien sûr : le feu de Sodome : mais le soufre et l'incendie ne font pas dans le détail, supposent des turpitudes qui n'ont probablement jamais eu lieu, l'intervention d'anges moralisateurs et la fuite sans honte, presque orgueilleuse, méprisante, de ceux qui n'en sont pas, se pardonnent parce qu'ils en réchappent (tandis que le jardinier, lui, veut fomenter sa Fin de l'intérieur, s'inscrire dans le tableau, dans le décor, se compter au nombre des victimes, quitte à n'être qu'un figurant de sa propre apocalypse).

Le déluge : le jardinier, avant de se vouer aux boutures et aux marcottages, a été tenté par la voie d'eau, le jeu innocent des fuites et des robinets ouverts : noyer la ville sous un déluge, mais un déluge constitué par la réunion imprévisible de tout petits cours d'eau, à peine des rus, des fuites venues de sous l'évier ; le jardinier, avant de s'en remettre aux herbes sauvages, avait envisagé un déluge prenant sa source chez le particulier, espérant convaincre chacun d'ouvrir les robinets des cuisines, des lavabos, des douches, de puiser où que possible, tirer toutes les chasses et bloquer d'un sabot le système du flotteur aussi ingénieux que simple ; le jardinier envisageait de noyer la ville non pas sous un raz-de-marée venu du littoral, mais sous un flot issu d'elle-même, de chaque appartement – et de chaque bidet, pour rajouter à la grande crue un parfum de scandale – l'excès des vases d'expansion passant par dessus les conduites, débordant par les escaliers, les halls d'entrée, arrosant les yuccas au passage : d'abord d'innocentes voies d'eau déversées dans les rues, se rejoignant d'artère en artère pour s'écouler sur les boulevards, les clapotis devenant bouillonnements à l'image des torrents allégoriques, du fleuve d'Augias ou celui du Rhin fouetté par des Walkyries pour avoir l'air d'un rapide, le tout convergeant à la façon d'une émeute vers des places, ou une seule place, afin d'y mimer le déluge de Noé ou un engloutissement digne de l'Atlantide. La ville, prête à supporter l'invasion venue du dehors, n'aurait pas trouvé la riposte à un déluge né de mille robinets ouverts à la même heure.

Mais, pour orchestrer un déluge domestique, il aurait fallu que le jardinier prenne la parole, et distribue une fois de plus son évangile de palier à palier, par toute la ville, sème sa propagande de vive voix, pour convaincre les derniers rétifs. Ce serait devenir, et pour des années, bateleur, tribun, présenter son apocalypse de foyer en foyer, comme un calendrier des postes ou plus honnêtement des tickets de tombola.

À moins, alors, d'abandonner ce projet de robinets unanimes, solidaires, et de ne compter que sur les grands collecteurs, dévier les égouts, s'inspirer des travaux des satrapes capables de détourner le cours de fleuves pour arroser un continent, s'assurer la complicité d'une poignée de plombiers convaincus ou corrompus, payés grassement, ou des égoutiers acquis à sa cause pour qu'ils ouvrent, un dimanche, les vannes des eaux usées : qu'elles nettoient les promenades, les belvédères, les terrasses et les Champs-Élysées.

[lis béguin]

Dame-d'onze-heures : les concombres mis à sa disposition pour allonger ses salades lui servent aussi de produits de beauté (ils remplacent, en rondelle, l'argile ou les crèmes hors de prix censées faire pénétrer la jouvence dans les couches les plus profondes de l'épiderme) ; servent aussi à estomper ces marques mauves, lilas, pivoine, qui se dessinent et se maintiennent sous ses paupières – en retour, comme de coutume, la dame-d'onze-heures dépose sur le rebord de ma table de jardin (plus discrètement au pied de notre ficus) un petit plat dans lequel je retrouve, du bout de la fourchette, tout ce qu'elle a pu me voler la veille. Le temps passant, comme je domestique ses potages et qu'elle apprivoise mes légumes, il m'est permis de mener plus loin ce commerce et, pour reprendre les mots des marchands d'aujourd'hui qu'aucun milliard n'émeut, diversifier mes activités : je suis prêt à m'épuiser pour faire croître sur mon balcon et mes fenêtres, en dépit d'un climat hostile, les primulacées susceptibles non seulement d'effacer ces pétales blets sous les yeux de la dame, mais surtout d'y mettre un terme définitif.

[herbe-au-tanneur]

Aux légumes, aux aromates, j'ajoute quelques herbes, qui ne sont pas seulement des assaisonnements, mais des simples utiles en cuisine aussi bien que pour la pharmacopée. Thym vrai, thym rouge ou thym blanc (en décoction), primevère officinale (aussi appelée coucou, elle soigne les contusions), millepertuis (apaise les brûlures), bourse à pasteur (saignement du nez ou des gencives), souci (antiseptique, anti-inflammatoire et cicatrisant), achillée (dite aussi *herbe-à-coupure*), arnica (dite aussi *herbe-aux-chutes*), bouillon blanc (panaris, furoncles et inflammations), hysope (infusée, en compresse : souveraine pour l'ecchymose des paupières), plantain (herbe à cinq côtes : cicatrise les plaies neuves) – mais aussi : cataire (sédatif), valériane (palpitations, migraine, insomnie), anémone pulsatile (dite *fleur du vent* : troubles nerveux), aubépine (pour les rêves désagréables), marjolaine (pour l'insomnie : nuits blanches et cauchemars n'étant pas exclusifs l'un de l'autre), enfin sauge officinale (fébrifuge, résolutive, cicatrisante, idéale en usage interne – en infusions coupées de miel ou fumée comme le tabac – elle soigne les vertiges, la dépression et la neurasthénie ; cependant la sauge peut se révéler dangereuse si elle est administrée de façon abusive à une personne affligée, déjà, d'un tempérament sanguin).

J'ignore si ma voisine, toute à ses potages, à ses hochepots, son monsieur et sa digestion délicate (les aigreurs d'estomac, une chicorée de travers, lui font serrer le poing, à cause des élancements), est sensible à mes petits messages, mes carrés de haricots, de fraises, de laitues, déposés à ses pieds comme un tapis persan : le blason du radis et celui du navet, ou des idéogrammes de sarments et de salicornes ; j'ignore si elle prend la peine de déchiffrer ces messages à l'aide d'un livre de recettes, d'un grand ouvrage sur l'art d'apprêter les légumes ou, plus gravement, d'un livre de botanique ; j'ignore si, à l'aide d'une clef dichotomique, et en se cachant de son frère (planquée dans les toilettes, par exemple, sous prétexte de maux de ventre : un abus de crudités) la voisine est prête à distinguer, dans nos jardinières communes ou dans les petits pots que je réserve à son intention, la guigne du mouron, l'oreille-d'homme de l'herbe-aux-chats, l'herbe-aux-teigneux de la mauve, la jacinthe de l'aconit ; je me demande si elle suit de semaine en semaine la progression de mon jardinet (ou du sien), si elle note les nouvelles pousses, les changements, si elle repère d'un jour sur l'autre les plantes nouvelles, si elle reconnaît, dans un carré de petites batavias par exemple, un plant de cardinale des marais mis à sa disposition.

[merveille de toute saison, chardon décapité]
Pour le plaisir, pour le jeu, mais aussi pour que mon apocalypse enrôle toutes les espèces imaginables, disponibles, et ne refuse aucun genre – enfin pour faire de la ville ordinaire une ville fantôme, née de la cupidité ou du rêve, de la Ruée vers l'or, et survivant à coups de crédits, de spéculations, de paris sur l'avenir ou le surlendemain, ville de concessions, de mines crevées, épuisées dès leur ouverture, de torrents touillés dans une gamelle, d'or chiche monnayé contre un litron, de bordels à deux doigts de la banqueroute ; puis ville de bagages abandonnés, de fermes mortes, de sable reprenant ses droits, de vieilles carcasses et de cimetières livrés à eux-mêmes – pour donner à ses quartiers l'aspect d'une ruine de western, le jardinier fera défiler (défiler est le mot) la célèbre *tumbelweed* du désert, ce buisson sans racines, vaguement sphérique, comme une boule déglinguée, qui roule en silence, mais sinistrement : premier hôte des villes mortes, en attendant les charognards.

[saxifrage trompeuse]
On me voit chaque jour remonter les rues – mais on ne me voit pas verser tous les dix mètres, sur la mauvaise herbe, l'eau de mon petit arrosoir argenté (du fer blanc). Si on me surprend, on ne m'interpelle pas : on m'accorde la pitié due aux inoffensifs ; parfois on fait mine d'apprécier mon passe-temps – (dans vingt ans, je pourrais signer une hécatombe, une belle âme m'aiderait ensuite à traverser la rue – sur le

trottoir d'en face : elle me lâche le bras, elle me livre à moi-même, pas très sûre de me voir clopiner bien loin).

D'ailleurs : on ne me prend jamais, à proprement parler, sur le fait : la lenteur de mes gestes (d'une vie végétative) et surtout leur continuité, qui font de mes sabotages un processus permanent, rendent impossible l'idée même de délit flagrant : ni début, ni fin, semble-t-il : la nature des choses, seulement.

[palette-du-peintre]
Les plans en main, je me rends sur le terrain, pour ainsi dire au pied du mur (je dévalise les archives, je prive le temps d'un week-end mon administration souveraine et entière d'une partie de ses documents ; parmi ceux que l'on me réserve, je choisis les moins désuets) : un témoin ennuyé pourrait croire que je croque le paysage, ou que je me livre, en face d'un superbe composé de murailles et de joubarbe, aux plaisirs de l'aquarelle – d'une façon plus comptable et moins artiste (un sérieux de surveillant), je me contente de reporter sur le papier les transformations parfois radicales opérées sur place (nos archives se contentent d'enregistrer les ventes et les changements de propriétaires, plus rarement les destructions, quand un boulevard éventre une chaumière – je m'enorgueillis, moi, d'entrer dans les détails, de corriger la ligne d'une façade qu'une haie d'argousier fait dévier ; plus fier encore, plus impérial, j'efface à la gomme ou au papier de verre le tracé d'un mur qui n'a plus lieu d'être).

[liane des Indes, caricature]
Les frondaisons me servent de chapiteaux, les rhizomes

rampants de croche-pied, les fleurs de pièges illusoires (pas seulement pour les faux bourdons trempés de pollen – bernés, peut-être, mais repus), les forêts de refuge (pour le forestier clandestin toute aulnaie devient Sherwood, tout noisetier prodigue des branches souples utiles aux fabricants d'arcs : arbres à arbalètes, comme il existe des arbres à pain), les plates-bandes me servent de ligne de fuite, les terrains de golf de toundra, les broussailles et les ronciers de fil de fer barbelé, les stères de bois de barricades ou de casemates. Les lianes me servent de lianes : des leurres pour trapézistes, de fausses cordes où s'accrocheront en toute confiance les nigauds qui, au cœur d'une forêt vierge patiemment reconstituée, voudront se prendre pour les rois de cette jungle.

[anagramme à frondes minces]

Je collectionne les feuilles : des feuilles aériennes, comme menace de raid, menace venue d'en haut, feuilles dangereuses maintenues par un seul crin (et si possible coupante : on dit que la presle entame la faux) ; des feuilles ailées pour suggérer des légions d'anges, la colère d'un dieu d'Apocalypse envoyant sur les pécheurs ses légations de séraphins munis d'ailes mais pas forcément d'auréoles ; des feuilles alternes, pour suggérer le chaud et froid en cours lors des fins dernières, la succession de stratégies contradictoires ou de tableaux contrastés, menés de surprises en surprises ; des feuilles articulées imitant en le trahissant le *fiat lux* des Écritures, les prophéties des charlatans (articulé s'entend comme la parole des enjôleurs ou la souplesse des demi habiles : dans les deux cas, faux prophètes ou vrais courtisans, la feuille articulée sera

pour le jardinier l'avant-garde des mensonges à venir, le bonneteau de toutes les promesses) ; la feuille bifide doit tout à la
langue des reptiles, fréquente les frondaisons comme la vipère
fréquente le nid, s'affiche en compagnie d'Ève, de la pomme
et du serpent pour constituer le quatrième traître d'un
trio maléfique (bifide, elle rappelle la queue des dragons de
Patmos, les pieds de boucs et les baguettes de sourciers) ;
embrassante, engainante, la feuille devient liane, ou palme,
vaste comme un drap, elle se fait tout entière mangrove
et semble pouvoir entourer de sa tendresse trompeuse, de sa
fausse affection, quiconque croit y trouver refuge, l'abri sous
le déluge – hospitalière sans l'être, la feuille embrassante peut
avoir l'envergure d'un vautour et la bonté proverbiale du
pélican ; les feuilles involutées sont peut-être aussi cauteleuses
et pleines de ressources, à savoir de faux-fuyants, dissimulent
des plis dans d'autres plis et dans ces plis des invaginations
ne regardant que les biologistes ; les feuilles lancéolées ont
la geste arthurienne pour modèle et motif, Lancelot pour
saint patron, pour fausse étymologie ; des feuilles panachées,
l'horticulteur retient les inclinaisons bravaches, l'esprit de
gasconnades, il en fait ses gonfaloniers volontiers tartarins, et
compte sur elles pour rappeler l'universelle bâtardise à
laquelle nous convie l'Apocalypse, et sa mêlée de tous contre
tous ; la feuille radicale expose sans attendre les prémices des
derniers jours, confond préludes et épilogue ; la feuille réflé-
chie accompagne au contraire mon apocalypse anticipée
d'une infinie préméditation ; la feuille sinuée sert de feuille
de route ; la feuille submergée suppose des paniques débor-

dantes, des saturnales sans limites (renouvelées, vivaces, sempervirentes), des foules s'envahissant elles-mêmes ; la feuille vaginante évoque des furies de bacchantes qu'enivre toute eschatologie ; la feuille éparse, sous couvert de nonchalance, de dispersion, de quartier libre (quartier d'hiver), gagne du terrain, au besoin s'éparpille au même vent que le poil d'églantier dont le jardinier adventice sait faire bon usage ; la feuille incisée se montre à la fois digressive et acérée, mord tout autant qu'elle divague.

[langue-d'oiseau]

Volubilis : d'ici quelques années, je devrais peut-être avouer à mes arrière-petits-enfants (leur présence – bien vivants – serait la preuve de mon échec), pour me consoler ou justifier le choix d'une apocalypse végétale au détriment du soulèvement, que l'anarchiste fatigué, las, désabusé, amateur de roseraies, s'est plus fréquemment surpris à employer le mot *volubile* que celui de *révolte*.

[millepertuis à quatre angles]

Mes herbes adventices couvrent parfois, autour de villes, des hectares entiers, empiètent des cultures ou des fins de chantiers auxquelles elles se confondent pour mieux les détourner ; d'autres espèces parasitent déjà le centre des cités, composent une tumeur fleurie, un piège prenant la forme d'un potager, d'un paradis à l'échelle urbaine, laissant croire que mes légumes sont là pour servir de plat de résistance aux soupes populaires. Mais, sur de petits espaces, à très petite échelle, la campagne se mène aussi en profitant de surfaces réduites à rien, au nom peut-être d'une mesquinerie ou d'une pusillani-

155

mité dont une apocalypse fait rarement preuve ; le jardinier peut avoir l'impression, en arrosant ses plantes d'intérieur, de remplacer le fait par sa représentation. Mais un soliflore, un pot de lupin, sont une promesse de landes, puisqu'il suffira de réunir bout à bout de minuscules plants domestiques pour en faire un terrain vague : entre quatre murs, je couvre mille hectares tout comme, dit-on, Kropotkine couvrait trente kilomètres par jour en faisant les cent pas dans sa cellule d'un mètre sur deux.

[**rosier à nombreuses épines**]

Des modèles ? James Colville a su propager la rose ramenée de Chine par Joseph Banks (Old blush China, *rosa chinensis*) – à partir d'un seul pied couvrait plusieurs hectares.

[**herbe-aux-sorcières**]

Aux avant-postes, en tant qu'éclaireur : une plante baptisée *chromolaena odorata* (dont le nom est une promesse de couleurs et de parfums, c'est-à-dire de floraison jamais interrompue), une eupatoire, sorte de chiendent exotique ou de mouron teigneux dont on se débarrasserait à force de désherbants : des naturalistes plus attentifs ont su constater, il y a peu, qu'une telle mauvaise herbe favorise l'avancée des forêts, prend le pas sur la savane stérile et, qui sait, fait reculer le désert. Une plante qui gagne du terrain sur le règne minéral (ce presque néant sec prenant la forme d'un erg) s'attire naturellement la sympathie d'un jardinier millénariste, pour qui la Fin des Temps est tout sauf désertique – elle saurait peut-être envahir la ville, en plus du sable.

Mon apocalypse se développe aussi à la façon des ronds

de sorcières : des champignons s'étalent par cercles concentriques, toujours plus larges, laissant une fois morts, derrière
eux, la trace de leur passage : une herbe foisonnante, plus
dense que partout ailleurs.

[**euphorbe étoile-de-Noël**]

Noël, Pâques, Trinité : les fêtes et leurs cérémonies jalon-
nant l'année sont, pour l'horticulteur (en théorie tourné
seulement vers la dernière d'entre elles – ce Jugement qui
pourrait avoir des allures de Jubilé ou de Saint-Sylvestre définitive – il fait mine de prendre à cœur tout ce calendrier folk-
lorique, fait mine d'admettre le postulat selon lequel les
temps historiques ont encore de beaux jours devant eux),
autant d'occasions pour mener sa campagne : le jardinier apocalyptique profite de la fête des morts pour mêler aux chrysanthèmes et aux immortelles ses propres essences (des fleurs
saxifrages capables de faire tomber des saint Christophe en
pierre et de soulever le couvercle des tombes en provoquant
des exhumations anticipées : la résurrection des corps corrompus faisant partie de son programme). C'est un plaisir,
pour le jardinier saxifrage d'arpenter les cimetières au lendemain de la fête des morts, lorsque les familles s'en sont
retournées à l'habituel cycle des semaines, abandonnant derrière elles des fleurs dévolues au souvenir – voilà l'occasion de
revenir sur des lieux qu'il connaît bien, pour y avoir perpétré
ses premiers vols : c'est un plaisir pour le jardinier de se promener au crépuscule, caressant des bouquets de soucis et
embrassant les ifs comme si c'était des cousins germains ; il
faut le voir faire crisser le gravier des allées, passer d'un caveau

à l'autre en se guidant à l'odeur, il faut le voir se donner des airs de Vlad Tepes, de broucolaque par-dessus les ci-gît. Le lendemain, ou le surlendemain du jour des morts, le fleuriste saxifrage arpente les allées de Saint-Vincent avec le calme dit souverain d'un Wellington sur le champ de bataille, une fois que tout est consommé ; enjambe les ruines et les blessures ; le soir, à l'aide d'une lampe-tempête, il constate les dégâts commis par ses propres offrandes (son orchidée singe mêlée aux pensées ordinaires), mesure au pied à coulisse l'épaisseur des lézardes dans le grès des caveaux, évalue les invasions, les écailles et les délitements, passe consciencieusement le dos de la main contre le crépi d'une stèle jusqu'ici impeccable.

À Noël, quand les mânes de Santa Claus croisent celles, plus mystérieuses, plus botaniques aussi, d'Astarté, le jardinier pour le coup dionysiaque pénètrera au sein des pépinières, crochètera les serrures, une fois de plus ; s'infiltrera en blouse blanche sous les toits où végètent, dans un mélange de polystyrène et de sable, des épicéas minuscules, que l'on cultive à marche forcée pour les fêtes et qui, une fois enguirlandés, passent pour des sapins. (*En blouse blanche* : un camouflage, plus précisément, de houppelande, de manteau rouge, de barbe et de hotte pleine.) Il n'y accomplira aucun vol, mais prendra soin de ces arbres, clandestinement, au besoin sacrifiera son propre engrais : pour promouvoir l'espèce – (l'épicéa, s'il prolifère, doit ensuite pouvoir chasser les familles hors du salon où elles l'ont dressé, dominant une crèche, pour célébrer le vrai messie).

Il profite d'Halloween pour solder ses potirons – et souhaite promouvoir les cérémonies du mois de mai : inciter les jeunes hommes à dresser des arbres sous les fenêtres de leurs fiancées, ainsi que cela se déroule encore dans certains pays, là où les vieilles lunes sont encore au goût du jour (entre Buda et les Carpates).

[sabot-de-Vénus, papyrus]

La dame-d'onze-heures, qui sait par moments se montrer douce, minutieuse (quand elle doit découper aux ciseaux, faute de moulinette, des herbes aromatiques), peut faire preuve aussi de brutalité, ou plutôt d'emportement : j'ai parfois retrouvé dans mes jardinières, à la place d'un bouquet de persil, un simple trou, la terre remuée, les tiges arrachées avec leurs racines : cette façon de faire, cette façon d'agir, d'y aller à pleine main puis à la bêche comme à la louche, de puiser son butin par poignées, s'en prendre à la benoîte et la bourdaine avec l'énergie du désespoir prouve à mes yeux l'intérêt que porte la voisine à mes petites compositions florales ; la rage avec laquelle elle détruit mes cultures comme si elle devait pratiquer une politique de terre brûlée, montre sans feinte possible quel appétit soulagent mes herbes de Provence. D'autres matins, tout au contraire : un seul brin taillé aux petits ciseaux de couture avec cette délicatesse dont on fait preuve pour découper sans tirer dessus le fil d'un point de suture : ce n'est pas de la minutie, de la cruauté en plus las, peut-être.

Même offerts avec générosité, mes simples ne se montrent pas toujours efficaces : si la racine de tamier parvient à estomper pour une quinzaine le violet étalé sous les yeux, son maquillage appuyé finit toujours par réapparaître. L'emplâtre ne suffit pas, soigner le mal à la racine oblige à ne pas se contenter de vulnéraires ni d'orties dont on rembourre un oreiller ; pour avoir la vie belle, il ne suffit pas non plus de boire ou de faire boire un pavot dormitif comme si c'était un aphrodisiaque. Le jour vient où le jardinier que je suis, cessant de se frotter le ventre avec des cataplasmes à la moutarde pour apaiser la mauvaise conscience, offre à sa voisine, sa dame, la fleur bleue ou rouge ou jaune (sans importance : elle n'aura pas le temps de fleurir) qui répond exactement à ses désirs – désirs qu'il devine sans avoir à jouer les voyeurs à travers un trou de serrure.

Je poursuis mon commerce ; une fois certain de sa science, de son coup d'œil patiemment acquis entre dictionnaires et plates-bandes ou dans le secret de son cabinet (en feuilletant, le doigt mouillé, des manuels d'agronomie et de biochimie), convaincu sans réserve que ma voisine pourra se montrer capable de faire le tri entre la bonne et la mauvaise herbe tout comme l'entomologue sait qu'un continent sépare le grillon bleu de son jumeau le grillon mauve, je me permets d'agrémenter mon balcon (ou le sien) de verdures plus équivoques, des plantes qui cachent des vertus sous d'autres vertus, des acides sous le sucre et l'amertume sous la douceur.

Du discernement : une science apprise à la main, feuille à feuille, et toujours appliquée puisque notre jardinière commune nous sert aussi de terrain d'expérience, une science de botaniste c'est-à-dire d'emblée fondée sur le regard, qui doit savoir distinguer le calicule, la carpelle, l'anthère, le stigmate et le style, mais aussi faire le tri entre deux nuances de blanc, ne pas se laisser berner par quelques leurres naïfs, observer l'eau miroitant au creux des feuilles de la fontaine-de-Vénus. Quand je me suis assuré de tout cela (moyennant quelques pièges gentiment tendus, en guise d'énigmes et de charades tuant l'ennui ou amorçant d'autres jeux frivoles : il s'agit par exemple de dissimuler un pied de datura entre deux bouquets de jonquilles), j'ai pu compliquer mes cultures, affiner mon jardin, et rendre plus riche, quoique plus obscur, ce langage des plantes dont nous faisons maintenant un usage exclusif.

[guérit-tout]

J'ai planté des colchiques, puis du lupin dont les fleurs s'ouvrent en juillet, de la mauve (grande ou petite) ; dans une grande cruche, disons un saloir, j'ai fait pousser un bois gentil, dont la dame-d'onze-heures saura déchiffrer le nom sans être dupe pour autant de toute onomastique, mais aussi à cause de ses fruits ; plus tard, de jeunes pousses de *pimpinella anisum* qui ne sont, au fond, que de l'anis ; puis de la grande ciguë, le cerfeuil des fous et, dans la même terre, dans le même pot, le cerfeuil bâtard ; pour alterner poisons et remèdes, du chardon de vigne, dit aussi herbe-aux-varices, qui soulage les jambes lourdes mais gâte l'estomac ; plus tard, sous prétexte de me livrer à de simples jeux d'assonances (exactement comme on passe, l'air de rien, du bolet blafard au bolet Satan, de l'oronge vraie à la fausse oronge, du nid d'ange au nid-de-poule), j'introduis auprès de ma dame le chardon bénit

161

célèbre pour provoquer de saintes brûlures, des stigmates en forme de cloques à l'endroit où saint Roch soulageait ses bubons ; de la zizanie (ou ivraie enivrante) et, à côté d'elle, de la salsepareille (ou *smilax aspera*). Une plante nocive, qui nous sert de jeu dangereux, justifie son existence par des fleurs parfois splendides, et par les infusions, les tisanes, les décoctions dont se régale la voisine ; mais les effets secondaires, devenus premiers grâce au talent de la cuisinière, ne suffisent sans doute pas à faire disparaître des hématomes, ni à faire fondre un beurre noir, ni à éradiquer les mauvaises chutes ou faire diversion par l'inscription, au tableau clinique, de nausées, de troubles, d'étourdissements, de sommeil prolongé (prurit, dermatose, eczéma : *mucuna pruriens,* chèvrefeuille, liseron, mouron rouge, mimosa du Japon et herbe *gratia dei*) – nouveaux symptômes qui présentent l'avantage de ne pas concerner toujours la même personne. Pour se montrer prophylactique, ou plus noblement salvateur, il convient sans doute de se montrer plus radical quant au choix des essences et à l'administration des collutoires, il convient de passer pardessus sa pudeur sans craindre de provoquer des scandales ni risquer des malentendus (nous avons en commun un savoir botanique éprouvé sur le tas), il s'agit enfin d'offrir à ma voisine un pommier d'amour, sur pied, parfait, pimpant, prospère, aussi appelé pommier de Sodome, de quoi fournir, au printemps, des fruits destinés aux grincheux : l'équivalent du raisin vert.

Si ces fruits font chou blanc, si le *tamus communis* parvient tout juste à faire oublier les fruits du châtaignier, si même la

ciguë se montre inefficace, j'offrirai à la dame-d'onze-heures
cette plante aux fleurs en forme de doigts, dont on extrait,
avec un peu de précision, un cordial comparable à l'eau de
fleur d'oranger – la digitale.

[coucou]
Après avoir tenté de débaucher quelques livreurs, des esta-
fettes, l'horticulteur peut (ou doit : nécessité fait loi, même à
la veille du Dernier Jour) s'attirer la sympathie des jardiniers
déjà en place, mais au service, eux, d'une cause municipale,
purement décorative : jardiniers honnêtes, laïcs ou confirmés,
dûment appointés, pour qui l'apocalypse n'est qu'un livre
de fable, l'Antéchrist un père Fouettard dont la menace sert
de berceuse – il peut, ou doit, s'assurer leur concours, tirer
profit de leurs méthodes ou des terres qu'ils occupent au nom
de lois urbaines (des jardinières, quelques massifs, des triangles de pelouse au croisement des boulevards), ou transformer ces vacataires en une légion de millénaristes fervents.
S'il échoue (le prêche n'est pas son fort, toutes les tribunes
lui sont échafauds), il se contentera, dans cette clandestinité
qui a toujours été la sienne, de détourner leurs forces, et tout
bonnement leurs jardins, pour les besoins de sa cause.

[désespoir du peintre]
Détourner les jardins déjà en place : dessiner le plan de mes
campagnes (de leurs annexions successives) d'abord, au dos
des cadastres caducs dont je suis le gardien : sur le blanc de la
feuille, croquer des Vauxhall, des Ranelagh, en se laissant aller
à la plus sardanapalesque des fantaisies, esquisser des jardins
d'agrément, de labyrinthes, de sérénades ou de débauche ;

d'un simple crayon créer des bassins dont le diamètre varie selon mes ambitions; trait à trait amorcer plusieurs lignes de fuites, quelques courbes parallèles suggérant une pente douce ou un fossé; un système improvisé de symboles allant du pointillé aux hachures suffit pour ordonner, sur quelques centimètres carrés, des rangs de tulipes, des parterres monochromes – au dos des cadastres j'ébauche des jardins qui me sont des utopies, un paradis pour lequel je prévois suffisamment d'engrais, les plans d'un potager inscrit dans les limites d'une île pour bienheureux. Si la place me manque au dos de mes cadastres, ou si l'envie me prend d'être un peu plus audacieux, je parasite les plans eux-mêmes, je dessine mes jardins dans les marges ou inscrits d'une écriture minuscule tout un parc entre deux traits délimitant une ruelle.

(Nature aime se cacher – quant au jardinier, il devra sans doute déguiser son apocalypse sous la forme d'une utopie.)

L'apocalypse effraie? elle sait aussi se montrer tentatrice, tenir d'une main la ronce, de l'autre le fruit de la passion – tranché net pour que s'exposent ses chairs juteuses: un véritable prêcheur ne se refuse sans doute aucun artifice, aucune astuce de music-hall. Si quelques fruits ou quelques bouquets dispersés dans un champ d'orties, un lierre décoratif masquant les dégâts que provoquent les racines, si un carré de tulipes disposé de manière à détourner le regard, ne suffisent plus à dissimuler l'avancée de ses campagnes, le jardinier devra faire en sorte que chacun, se trompant, assimile son apocalypse aux jardins de Cythère ou d'Adonis, aux banquets de roses et de miel: il devra, comme ces petits trafiquants en quête de couverture honorable, dissimuler son apocalypse derrière des utopies agraires – peut-être aussi : écologiques, hippies, prêchant le naturel pour semer le poison.

Dévoyer des jardins pour en faire des utopies à peine visibles, des utopies en pleine ville, ouvertes, comme les autres parcs, jusqu'à vingt-deux heures en été, mais qu'aucune barrière ne limite ; fomenter là-dedans des utopies en sommeil, gentilles, soucieuses de sauver les apparences et de ne pas dépareiller, ornées, si le souci de mimétisme l'exige, d'un kiosque à journaux, d'un bassin pour y simuler des batailles navales et même d'attelages à l'usage des enfants – cab, tilbury, victoria – tirés par des ânes. L'idée ou la menace d'utopie (qui dissimule une apocalypse moins enchanteresse), l'idée d'une subversion oisive, qui pourtant n'a jamais lieu, la crainte que puisse s'épanouir sur toute cette verdure d'indéfinissables communautés libres, anarchiques parce qu'en vacances, ou érotiques parce qu'en monokini, seraient justifiées par l'absence de pelouses interdites et de panneaux formalisant l'interdiction.

À moins qu'au contraire, le jardinier ne multiplie les pelouses interdites dans les parcs qu'il cultive, favorise le développement de tels espaces sacrés où ni chiens ni maîtres ne peuvent poser le pied, gazon dévolu uniquement à l'admiration de fidèles en canotier, protégé par un tabou que rien ni personne, pas même le gardien manchot embauché par ses soins, ne saurait justifier, encore moins enfreindre. (La pelouse interdite serait un moyen de propager ma campagne, en cela que chaque espace vert, sanctifié par un interdit, proliférerait à l'abri de toute nuisance, de toute dégradation : je pourrais peu à peu répandre ma zizanie de pelouse et de jardin anglais, par cercles concentriques autour d'un seul noyau, en semant du gazon partout où cela est possible, ou bien tout simplement en attribuant par décret le statut de pelouse interdite à des friches ou des jachères, des terrains vagues ou même des chemins creux : de petits arrêtés, des pastiches, ont parfois l'efficacité d'un coup d'État.)

[souci des champs]

Parfois sur le motif (mais il est rare de mener campagne à la campagne : pour cultiver le paradoxe, je cantonne à la ville, je délimite pour champ de mes manœuvres les rues, les égouts, les façades – certaines grilles par où s'évacuent les vapeurs des sous-sols me servent de treilles inférieures), je croise un adepte du *land art*, muni de pinceaux de la taille d'une meule de foin, et d'un tube de peinture remplacé par une moissonneuse (on les distingue des paysans d'après leur façon de se tailler les moustaches, et d'envisager le bouc comme une simple coquetterie à la Suarès).

Du paysage, beaucoup, mais d'un paysagiste il y a peu à tirer (son idée de l'horizon ? son mépris des terres incultes ? son désir douteux de se réjouir l'œil ?) – sinon par exemple ce *ha ha*, dont le nom seul démontre (aussi clairement que le nom du pissenlit fait sa vertu diurétique) qu'il tient du canular, de la farce, de cet humour anglais illustré entre autres par la culotte de Victoria exposée je ne sais où. Une clôture masquée par un invisible mais brusque dénivelé : si j'étais belliqueux au lieu d'être pacifiquement messianique, ce *ha ha* ainsi défini me servirait à la fois de tranchée, de piège, de douve, d'oubliette, d'enceinte et de boulevard – plus simplement, serait la marche indécelable, mais accusée, vrai abîme finalement, où se prennent les pieds du promeneur, comme ceux de l'idiot dans le tapis.

Le jardinier dans mon genre – jardinier posé en hypothèse : c'est-à-dire en l'occurrence un *gentleman farmer* revenu de Patmos avec son carnet de croquis – n'utilise pas le *ha ha* anglais dans le but de feindre une liberté totale, ou une totale hospitalité, un point de vue porté sur l'infini tout en s'assurant le confort et la protection d'une barrière : le jardinier dans mon genre préfère considérer le *ha ha* comme un piège, de quoi faire tomber ceux que charment l'horizon plat et de quotidiens couchers de soleil. Au-delà du *ha ha* il fera pousser un champ d'orties.

[bananier d'ornement, gueule-du-loup]
Au comble de sa carrière (ceci dit sous la forme d'un programme, pas celle d'un bilan), le paysagiste millénariste aura l'honneur d'organiser (tonnelle, orangerie, charmilles, boulingrin, boulevard, *ha ha*) des *garden parties* officielles autour des palais de la République.

[pied de chat]
Le vandale est aussi un tailleur de rosiers (impitoyable mais sensible, à ses moments perdus) : l'harmonie apparente de ses jardins ne relève pas seulement du maniérisme (du mensonge), mais correspond à cet *en dehors* qu'on exige des danseuses, y compris lorsqu'elles ne dansent pas : une façon de se tenir debout, en équilibre, à l'affût, et de

faire preuve d'élégance – malgré les circonstances (la fatigue et l'adversité).

[trèfle couché]

Mon tanneur de voisin ne vient plus sur le pas de ma porte tirer la bobinette, ni étaler dans ma cuisine ses cartes dont il me dévoile le dessous avec un regard entendu mais honnête de vendeur de vignettes lascives – il ne fréquente plus les fonds de bistrots où, non content de parier aux courses, de tenter la fortune en comptant sur des martingales empestant l'anis, il s'essayait parfois à trahir le secret du jacquet ou de la manille – celle des autres, une manille étrangère à ses propres coutumes. Il ne sort plus, ne prend plus la peine d'ouvrir une fenêtre, ne compte plus sur ces courants d'air pour aérer son vieux tricot; il ne me croise plus dans les couloirs, ne m'expose plus sa rancune fatiguée (son mauvais œil lancé sur moi : un jet de salive sur mes talons, qui ressemble trait pour trait à du jus de chique); il disparaît pour de bon et je ne l'entends plus, à travers le mur, faire claquer son jeu neuf contre le bois de la cuisine, ni entamer ces demi-refrains à quoi se résumait la plupart de ses chansons à boire.

Couleur bordeaux, un employé des Pompes funèbres est venu frapper chez moi par erreur, me présentant d'un même élan maladroit ses condoléances et un devis – avec tact (un tact dont lui-même aurait dû faire preuve) je l'ai reconduit jusqu'à la porte voisine où, semble-t-il, son vrai client l'attend depuis quelques jours.

Pour ses bouillons : la dame-d'onze-heures divise en deux les proportions de ses recettes.

[saxifrage à feuilles en coin]

Régulièrement je retourne à mes cadastres, que je garde et corrige : c'est une façon pour moi de constater sur le papier où en sont mes campagnes – je me ressource dans mon bureau sans ouvertures, éclairé d'un néon intermittent : il diffuse dans la pièce une lumière de bastringue. Bien sûr j'accomplis mon travail – il consiste principalement à attendre qu'une archive tombe en désuétude, ou dans l'oubli – mais je profite des relevés pour avoir du recul, jouir d'un coup d'œil élevé sur l'étendue de mes désastres : arpenter la ville épuise le jardinier, qui en ponctue chaque centimètre à l'aide de son plantoir (les ampoules, à ses mains, témoignent de ses efforts) ; feuilleter au frais une liasse de plans permet de survoler en un rien de temps des hectares entiers ; et pour marquer sa supériorité, son ascendance, l'archiviste use parfois d'ouvrages naguère précieux comme d'un vulgaire éventail.

Tromper les plans : à force de les corriger, de repasser les traits affadis par le temps et nos lampes pourtant faibles, de reprendre centimètre par centimètre chaque parcelle, de redéfinir des trapèzes de guingois, de rétablir un angle droit, le correcteur de cadastre apprend à maquiller les traits (à rendre ses corrections invisibles), à dérouter une ligne ; les plus habiles d'entre eux savent même tromper deux parallèles (un conservateur dévoyé, s'il veut tromper son plan et, avec son plan, toute sa hiérarchie ainsi qu'un système complet d'atlas et de cartographie, parce que chaque plan s'inspire d'un autre ou sert d'archives pour un suivant, un conservateur sait vicier deux parallèles au motif de les rendre plus précisément droites, d'obéir à de plus exacts parallélismes – il abuse de la loi qui prétend les définir : le correcteur, dans son zèle, les amène à se croiser non plus à l'infini, mais sur le papier, autant dire sur place, sous les yeux, comme si ce point d'un croisement illogique prouvait aux témoins la perfection de la géométrie). De même qu'il n'existe pas, sur la feuille comme dans ce monde, de parallèles parfaites, il n'y a pas d'orthogonales fidèles ni de carrés irréprochables ; la quadrature du cercle n'est pas un impossible pour qui travaille avec autant de scrupules, frisant la mauvaise foi ; l'ajustement est toujours l'alibi de menus sabotages.

En tirant un trait, je sais (et je prends un malin plaisir à le savoir, rien de plus) qu'une erreur imperceptible sur le papier pourrait représenter, sur le terrain, des bouleversements à taille réelle, de quoi faire tomber des murs ou provoquer des incidents de frontière – si ma plume tremblait ou si je maniais une règle faussée, je prononcerais sans le vouloir des expulsions. Cependant puisque le paysage n'obtempère pas, puisque les ébauches à l'encre n'ont pas d'effets immédiats sur les alentours, je me contente, encore une fois, de remplir les cadastres d'une couleur pistache, à la mesure de mes cultures.

[**chacha, tomate fandango, faux pied terminé en bec**]
Parfois je voudrais planter des arbres, simplement, comme la pointe d'un javelot, en signe de défi, et semer des graines à la volée dans le désert où je prêche, comme si je jetais mon gant dans l'air : en l'absence de figure, le gant lancé, ou la gifle envoyée, prend pour cible l'humanité entière ; dans le vide, un coup de pied rate un derrière précis mais atteint tous

les autres, et gagne sur tous les fronts : tant pis pour la farce, tant mieux pour la noblesse du geste : un cul, même botté, reste un cul, peut à la rigueur prétendre avoir inspiré le pied qui le corrige, comme par ailleurs la fessée, mais l'absence de cible confère au coup de pied une élégante allure d'hypothèse – en dépit de ses faux airs de french cancan.

Personnellement, si j'avais à régler un contentieux (à ma façon : le fauteuil dans lequel je me tiens assis rend impossible la distinction entre paresse et lâcheté), je m'offrirais les services d'un tueur à gages (un homme intègre dans ses forfaits, noir, sec et droit, à peine plus souple que le bois dont on fait les cercueils), mais ceux d'un danseur étoile, Nijinski déjà ivre ou dément mais toujours ingambe, à qui je demanderais de botter les fesses de mon ennemi avec le plus d'entrechats possible, de fouettés, de paillettes – tout un ballet russe terminé par une pointe.

[pied de Requiem, véronique]

J'ai fini par l'apprendre : après avoir découvert son corps, friable et saur, c'est-à-dire plus qu'à l'ordinaire, la dame-d'onze-heures a porté son frère sur son lit, à deux pas de la chaise où il avait choisi de finir ; l'a recouvert du drap qui s'y trouvait déjà – linceul pour linceul – ; puis improvisé une veillée avec les moyens du bord : en guise de cierges, deux minuscules bougies sauvées de ses premiers anniversaires, une radio en sourdine à la place des complaintes, un gant passé sur son visage pour effacer la dernière trace d'écume au bord des lèvres – et voilà pour le saint chrême, l'extrême-onction, les huiles sacrées ou l'eau bénite (un chiffon sec, ensuite, vaut pour le voile).

Si les veillées se prolongent, en attendant qu'une poignée d'hommes déménagent son frère jusque dans un trou à ses dimensions, la dame peut toujours tromper le temps, la mort, en tirant profit de la cannelle, de la cardamome et du safran que j'avais acclimatés à son intention. Un citron percé de clous de girofle, un pot pourri de roses et de piments de la Jamaïque, permettent aussi de couvrir, dans la chambre, l'odeur qu'un cadavre, même de fraîche date et rassis, diffuse en guise de dernier souvenir.

Les deuils déteignent toujours sur moi, qui suis d'une nature empathique : la fin triste et doucereuse (une tisane) du tanneur (après tout mon ancien adversaire, mon ancien partenaire venu distraire, à la façon d'un ami fidèle dont je connais à peine le son de la voix, mon quotidien avec ses tours de cartes et ses soliloques oraculaires, celui avec qui j'ai partagé des nuits durant le thé et la fadeur de mes biscuits) me rend taciturne et, pour un temps, incapable de me concentrer sur l'avancée de mes forêts, sur l'approche de mon apocalypse. Histoire de me distraire de ces remords funèbres, je m'efforce de cultiver dans chaque rue, entre chaque pavé, sur des bords de fenêtres laissés à l'abandon, des plantes aromatiques de différentes natures – sumac, curcuma, muscade : la plus grande partie de ces semences sont issues des plantes livrées à ma voisine – qui parfument mes herbiers, font de mes sabotages une fantaisie gastronomique. En consultant les livres, l'amateur d'aromates constate que la plupart des épices utilisées dans sa cuisine avaient déjà cours au fond des pyramides, des hypogées : on les retrouve, intactes, par brassées, dans les tombes des anciens, où elles parfument le repos des cadavres – des épices empruntées aux embaumeurs : toute la saveur de nos plats vient du culte des morts.

[spéculaire miroir]

Si la Fin du Monde s'apparente aux jacqueries (à cause des paniques, du feu, des pierres volant de part et d'autre) alors, comme toute campagne militaire, elle admet deux fronts, ou deux armées : l'une réelle, faite d'armures lourdes (troncs, aubiers) de cottes de mailles – aiguillons, bogues –, de munitions, de bardas lourds comme le fardeau des pénitents ou celui des bagnards ; l'autre irréelle, prévue uniquement pour l'illusion, une sorte d'armada de papier et de carton, de couleurs et de panaches fixés au faîte des balais-brosses, une armée d'épouvante alignée sur le fond d'une toile peinte, le tout défilant sur un horizon lui aussi sujet à cautions, ou sur un océan agité depuis les cintres.

Pour sa campagne : au sein de sa troupe échevelée, un peu rustique, le jardinier devra séparer avec l'intransigeance d'un juge biblique les forces véritables des fantoches prévus pour servir d'épouvantail : pour ce qui me concerne, je ne suis pas parvenu à faire la distinction, et ranger en stratège aguerri les forces selon leurs rôles : sans doute parce que ma paresse est sans limite (je veux bien l'admettre, si je compte le nombre de fois où le sécateur me tombe des mains, le nombre de fois où je baisse la garde au cœur d'un taillis-sous-futaie, si j'en juge par la fatigue qui me saisit, et que j'anticipe, lorsque je constate le nombre d'arbres qu'il me reste à planter) ; mais c'est plus probablement parce que ce règne végétal, pour qui j'ai longtemps fait figure d'étranger, de papier gras, reste plus que jamais enchevêtré, impénétrable, non seulement à cause de la broussaille et du commensalisme généralisé, mais aussi parce que chaque forêt considérée arbitrairement comme une compagnie assume de front l'une et l'autre des stratégies : celle qui prêche le vrai, celle qui prêche le faux. Plantes et fleurs sont en même temps efficaces et illusoires – j'en ai été le premier surpris.

[spéculaire en faux]

Les millénaristes, comme certaines âmes rétives, ont besoin de camouflage (les pires prédateurs échouent face au fretin habile imitateur), les militaires de carrière ont même fait appel jadis à des artistes peintres, heureux de trouver enfin une commande qui paye cash : des aquarellistes, des adeptes du tachisme ou d'anciens cubistes réformés à qui on demandait, comme à une couturière, une nouvelle ligne de tenues léopard. On a pu voir une légion disparaître sous le maquis, des chars se couvrir d'eucalyptus et des colonels maussades sortir coiffés d'un yucca ou d'une ombellifère : pour preuve sans doute que la végétation (la leur, la mienne) est encore la meilleure façon de passer inaperçu, ou d'être confondu avec sa propre campagne, enfin d'être pris pour le muguet que l'on ne saurait être. Que fait d'autre le jardinier adventice, Clausewitz à la serfouette, sinon débaucher ce qui, au cours des campagnes traditionnelles, demeure l'auxiliaire, l'accessoire, et de le mettre au cœur de ses stratégies : les branches et les buissons dans lesquels les jacqueries légendaires dissimulent leurs fourches ou leurs déserteurs, il en fait

174

le gros de sa troupe, non plus le détail mais le corps même : tout son millénarisme sur le tas, parfois confondu avec des longues marches ou des sabotages de trublions marcionites, ne serait au fond qu'une extension du camouflage, une émancipation de son principe, un camouflage devenu stratégie, seule et unique stratégie, à la fois arme et poudre, barricade et sentinelle, siège et guerre d'usure.

Un caporal coiffé d'un rhododendron peut espérer passer inaperçu – mais le rhododendron, lui-même ? : s'il lui est à première vue interdit de tromper son monde, cette évidence, cette nudité à découvert, cette sincérité de recrue encore neuve, l'adéquation franche du masque au vrai visage, en fait finalement un être plus habile dans l'art de manier le mensonge.

[monnaie-du-pape]

L'apocalypse végétale : une fin divine par excellence, ou angélique, en cela qu'il magnifie le principe selon lequel rien ne sépare l'être de son déguisement. Le triomphe du blason fera l'effet d'une vérité souveraine, accomplie.

[scrofulaire des endroits ombreux]

Parfois le charme, parfois la glu : pour attirer leurs proies, fleurs toxiques et plantes carnivores mésusent de la beauté, d'un certain *sex appeal* ou d'une joliesse acceptée comme telle (au pire sens du mot joliesse, s'il en existe un noble) – mais se servent en d'autres occasions, en d'autres lieux et pour d'autres commerces, de colles sucrées, de pièges adhésifs capables d'attirer, et retenir, les mouches *(sarcophaga carnaria)* comme les abeilles *(apis mellifera)*. D'une telle alliance des contraires, les millénaristes ne connaissent qu'un précédent : la croisade des enfants devait avoir, aux yeux des paysans d'alors, pousseurs de roue, bêcheurs de rave, des allures mitigées de légion et de pouponnière, à la fois mercenaires partis délivrer le sépulcre, à la fois gosses revenant de colonie ou partis à la plage construire des citadelles à l'aide de sable mouillé : les nurseries ont quelque chose de menaçant.

Et puisque l'apocalypse s'accompagne de résurrections précipitées, maladroites, donc de cadavres à ciel ouvert et d'élus mal remis d'un séjour au plus bas, je ferais pousser une rafflesia : sa fleur de presque dix kilos évoque les chairs avariées, dont elle imite la forme, le teint et la saveur – donnera le ton avant l'heure dite. (Préfère le soleil à l'ombre, les terrains peu ou pas calcaires ; planter fin mars début avril, en poquets profonds de trente centimètres, arroser abondamment, sarclage inutile.)

[œil-de-paon]

Spectaculaire : on reprochera au jardinier apocalyptique de s'en tenir trop souvent au trompe-l'œil, tout comme Jean de Patmos se contente d'étoiles dans le ciel et de ballets d'ailes et de feu ; on lui reprochera de vanter le dessin floral pour masquer la force racinaire. Il se trouvera alors des excuses, et de grands prédécesseurs : des botanistes inventés pour l'occasion ou véritablement exhumés, tirés de l'oubli, des scientifiques dont il reconstituera à mains nues (comme on creuse une tombe) l'œuvre écrit disparu ; il invoquera une fois de plus le nom, l'honneur, et la vie parfois studieuse, parfois épique (galions, Indiennes, cannibales) des grands naturalistes, partis aux Indes nouvelles chercher de l'exotisme, revenus de ces côtes pour étonner des duchesses avec des fèves amères mais inouïes, armant une caravelle pour aller cultiver le café sur des îles désertes, y faire lever des salades à peu près comme les patriarches hébreux engendrent une postérité querelleuse et colonisatrice ; il invoquera ensuite ceux des naturalistes qui, au contraire, sans quitter leurs bureaux, sans passer de la rive droite à la rive gauche, se font ramener de chez le Serpent à Plume des espèces exotiques, des broutilles, des rejetons, pleins de sèves mais marrons, parfois sauvés de ces brimbales chantées par les créoles, des jeunes pousses qu'il s'agit pour eux de classer dans de vieux herbiers, comme on acclimate l'étranger : le premier coup d'œil seul juge des filiations. Un témoin éberlué faisant foi, les naturalistes confondaient, d'un même rouge, tomate et belladone, ou prenaient la Caraïbe pour le Paradis sous prétexte qu'on y allait nu : mon Apocalypse de corolles et de pennes espère bénéficier d'une même acuité crédule.

[**trèfle pâlissant, peigne-de-Vénus**]

Feu le tanneur, allongé sur son lit, rentré en lui-même, en commençant par le nez : la voisine s'est-elle penchée sur son chevet, enduisant sa vieille dépouille de la myrrhe et des aromates dont parlent les semaines saintes et qui, dans les mains des deux Marie, passent pour une ébauche de panacée ? l'a-t-elle parfumé à l'aide de fenouil, sauge, romarin et de la cannelle déposés à son intention dans un petit pot de forme ovale ? l'a-t-elle recouvert de fleurs pour cacher la fadeur tenace de la mort sous un tombereau de chrysanthèmes, couronné de fuchsia plutôt que de laurier, glissé dans sa bouche, à la place d'un sou, une gousse de cardamome pour parfumer sa langue, un clou de girofle en hommage aux larrons du Christ?

Des obsèques, maigres obsèques (je n'y participe pas, quelques couronnes de fleurs me représentent : des couronnes tressées par mes soins, en souvenir de parties de cartes), une voiture corbillard suivie seulement par la dame-d'onze-heures, un fichu gris et noir en guise de voilette.

[herbe de Mithridate]

Sur mon balcon (de mon côté), les pots de gentianes, ambroisie, digitale, redoul, tamier, me reviennent, une fois les obsèques consommées, puis au cours des semaines suivantes ; ma cuisine reconvertie en pépinière se remplit d'arbustes à demi morts, à l'abandon, exactement comme les poubelles s'ornent, au lendemain des fêtes, de fétus friables aux allures de sapin (la dame-d'onze-heures n'en a sans doute plus l'usage et, tout entière au chagrin que rien ne laissait prévoir, elle cultive son jardin sur la tombe, exclusivement). Tenté par le vide-ordures : mais je me suis résolu finalement à conserver mes plantes, même en piteux état – elles sont le souvenir d'une passion potagère. J'ai préféré les réanimer par l'eau et l'engrais, leur faire subir des douches froides propres à réveiller les morts ou les neurasthéniques : dans la baignoire, ou le tub prévu pour des ablutions à moitié debout à moitié croupetons – il m'a fallu tout de même en sacrifier quelques-unes, déjà bien éprouvées.

Mes herbes nourries d'engrais, soignées comme des conva-

lescentes, ont repris forme humaine (sans seulement parler
du ginseng, ou de la mandragore). Disposés à nouveau sur
mon balcon, les pires toxiques ainsi soignés sont redevenus
d'inoffensives plantes ornementales.

[centaurée trompeuse]
À la vitrine des pharmaciens, je lis l'éloge de la badiane,
de la muscade, du serpolet, de la mauve, du pavot, du lavandin – en raison d'imaginaires vertus curatives. Je laisse les
publicitaires agir : les mensonges des autres me servent de
propagande.

Bonne parole ou mauvais augure : bonimenteur, je profite
de mes plantations sauvages pour faire admettre l'impossible,
faire croire qu'une gousse d'ail (voici une légende parmi tant
d'autres), glissée dans la chaussure protège de la coqueluche,
ou éloigne les serpents ; faire croire qu'un bouquet d'aneth
serré dans le poing prévient de l'épilepsie. Toutes les rhéto-
riques sont bonnes pour que mes jardins attirent les suffrages,
inspirent l'assentiment.

[ambroisie]
Mes jardins (dirait le millénariste à la cantonade si le temps
se gâte : quand sa campagne s'étend, fleurit, et que chacune
de ses manœuvres devient apparente, le discours doit nécessairement accompagner les actes ; la discrétion, peut-être, ne
suffit plus d'un jour sur l'autre pour promouvoir des invasions : foins et pailles), mes parcs sont les répliques du paradis
inaccessible, serviront de potagers où chacun pourra se servir
sans gêne, des pharmacopées dans lesquelles chacun pourra
puiser pour se composer des élixirs, des panacées ou – pour se

mettre sans le savoir dans le ton des apocalypses sur le point d'advenir – des empoisonnements. Mes jardins (il prêche) serviront de refuge, de cadre idyllique pour rejouer les plus riches heures de Robin des Bois ; mes jardins seront des vergers toujours au printemps et, en se baissant pour glaner des branchages, les créatures mises à nu par un vent de panique y trouveront de quoi se vêtir ; les pèlerins qui auront cru bon devancer mes propres anticipations, et se déshabiller en vue du dernier jour, verront dans mes parcs ombragés (mes arbres se montrent magnanimes) suffisamment de frondaisons pleines pour y dissimuler le reste de leur pudeur : se tiendront juste derrière la droséra qui, à hauteur de ceinture, leur gardera la nudité secrète.

Mes plantations cherchent à passer inaperçues : aux yeux du viveur il s'agit de treilles pour des vignes et de vignes pour des bacchanales ; aux yeux de l'homme épris de rigueur, il s'agit de pelouses ou de gazon puisque rien, à son avis, ne distingue l'un de l'autre : il s'agit d'espace vert gagné sur le goudron ; selon le prêtre il s'agit de l'œuvre du seigneur, de ses verts pâturages anticipant la Jérusalem bucolique ; selon le pécheur il s'agit du fourrage où culbutent les épouses et les filles de ferme.

[langue-de-serpent]
L'apocalypse, à l'égal de tout complot, exige des cachotteries : et sinon des secrets, des mensonges – sinon des mensonges, des néologismes : le jardinier adventice doit apprendre par exemple à dire angiosperme au lieu de plante à fleur, cryptogame au lieu de champignon.

[orties à pilules]
Le sens de l'équilibre? ou une façon de cultiver l'ambiguïté? ou bien une certaine forme de pondération : je troque parfois le sécateur contre la balance Roberval, j'alterne, avec l'esprit égalitaire des demi-mondaines servant la soupe populaire (soucieuses d'avoir la louche équitable), les fleurs et les ronces : muguet, cactus, muguet, cactus.

(Le jardinier confond chemins couverts de pétales de roses ou semés d'embûches, les lits d'œillets et les couches de chardons, couronnes de fleurs et d'épines, colliers de vahinés et gerbes mortuaires, infusions pour dormir et philtres divers en vue de raccourcir les phases terminales.)

Ronces *et* coquelicots – mucuna pruriens *et* muguet – ou encore : phallus impudicus *et* sceau-de-Salomon : mon herbier semble hésiter entre le diabolique et l'angélisme, entre le soufre et l'eau bénite ; on me reprochera tantôt mes enchevêtrements, mes satyres puants, mes orchidées provocantes ou mes racines livrées au bouc (cueillies entre ses pattes arrière), tantôt mes bleuets, mes violettes, toutes ces marguerites dont je parsème mon terrain comme des vœux de bonne route accompagnant des croisières. Peu importe, ma campagne ne cherche pas l'unanimité, elle la redoute, bien au contraire et, à tout prendre, préfère des opinions désorientées à un enthousiasme collectif, ou une peur panique solidaire.

[tapis monseigneur]
Plaire à tous : le jardinier adventice sait se servir de la friche pour célébrer le désordre, de la savane pour favoriser les clan-

destins, de la toundra pour laisser champ libre à des hivers de
fin du monde – il sait en revanche se montrer sensible à
l'ordre, préoccupé par les tuteurs, les cordeaux, les grillages ;
il doit faire mine par moment de privilégier le jardin à la
Le Nôtre, symétrique et rigoureux au pouce près, il saura
feindre un attachement pour l'orthogonalité des faits et des
choses, caresser régulièrement, jusqu'à le polir, le mètre de
platine déposé au Pavillon de Breteuil, se fondre dans un univers constitué de perpendiculaires, d'horizontales, et parfois
d'obliques raides comme seules concessions à la déviance ; le
jardinier, feindra un mariage de raison avec l'organigramme
des métropoles, poussera la rigueur jusqu'à ses formes ultimes
et sa caricature pour, au-dedans de cet ordre aussitôt arrêté,
inébranlable, fomenter le faux pas.

Pour autant : pas de parterres : son horticulture ne rampe
pas, ne joue pas les gazons couchés, les terrains de golf
confondus de près comme de loin avec des paillassons érein-
tés ; son horticulture se tient debout, vise le ciel ou les plafonds (voilà mon cahier des charges), abîme les faîtes, balance
ses palmes par-dessus les toits, fait de l'ombre aux plus
grandes grues, fait tomber leurs chapeaux. Si parterre il y a, ils
seront des tapis de fruits d'églantier, ou un faux plat semé
d'aubépines et d'orties mêlées de luzerne, afin que les amoureux s'y couchent, s'y lovent cul par-dessus tête, jarretière au
front par jeu, et pour que leurs amourettes y deviennent
démangeaison, prurit comme prélude aux douleurs suaves,
plus directement associées aux désirs de mai : puisque aller
aux fraises donne parfois des boutons.

[orchis bouffon, orchis singe]

À un endroit précis de la ville – choisi avec méthode : exposé aux regards, ouvert au public, mais jouissant d'une discrétion digne d'un jardin privé ou d'un boudoir – le jardinier plantera un *monkey puzzle tree* : le désespoir-des-singes est un arbre auquel les jeunes gens amateurs d'escalade et de sommités vaincues ne peuvent s'empêcher de grimper (il s'adresse à tous ceux que tentent les exploits) quand bien même, à cause de ses feuilles acérées, ils s'écorchent la peau en atteignant les dernières branches – triomphent et pleurent à la fois. C'est sa façon d'agrémenter ses campagnes (des gibets alternent avec les mats de cocagne) et de fournir une matière neuve à tous ceux qui sermonnent.

[œillet superbe]

Prêcheur, voilà comment s'exprimera le jardinier au cours de ses homélies : bien sûr il y a le chiendent, mais au bout du compte c'est l'orgueil derrière le chiendent qui fera tomber la ville : l'orgueil des autres sera l'arme universelle du jardinier millénariste, son dernier argument (pas seulement l'objet de son ressentiment, mais l'arme retournée contre les pécheurs : finalement un mot emprunté aux épîtres de Paul), l'orgueil sera la poudre universellement répandue, poudre à canon déposée sur les perruques et les visages, susceptible de prendre feu à la moindre occasion, la moindre contrariété ou la moindre étincelle. Bouffie d'orgueil, avide de gloriole encore plus que de ronds-points, ainsi est la ville, ainsi le sont ses habitants, au point qu'il n'a pas fallu beaucoup d'effort au jardinier pour susciter des concours et provoquer la concurrence, rajouter l'émulation à l'esprit compétitif – et l'huile sur la braise c'est-à-dire des promesses de récompense à l'espoir de pures victoires ; il ne faut pas beaucoup d'efforts pour amener les conseils municipaux à accepter le principe des villes fleuries, pas beaucoup d'effort pour amener un maire et ses adjoints à surenchérir, participer aux courses, sous prétexte de récompenses, de médailles : il suffit de faire miroiter des prix d'excellence, garantir des jurys intègres, des aréopages de connaisseurs, des classements rigoureux. Les villes participent, les conseils votent des budgets minuscules mais suffisants, jouent à la cité fleurie, incitent les riverains à décorer leurs balcons, offrent pour la culture populaire des tonnes de fumure, des bacs vierges, de l'engrais, débloquent suffisamment de lignes budgétaires pour embaucher plus de jardiniers qu'il ne faut, rajoutent fleurs sur fleurs et finissent par crouler sous le flot de leur propre enthousiasme, passant pour de la joie de vivre : la joie, pour les citadins, de se côtoyer chaque jour.

[fleur à diable]

Un entrefilet (presque à la dernière page, celle des dernières nouvelles) m'apprend que des malfaiteurs en cours de rédemption (ils purgent leurs peines fagotés en jardiniers, un panama sur la tête, une bêche émoussée entre les mains : mieux vaut remuer la terre que casser des cailloux), à qui une municipalité demande de refleurir sa ville, avaient tourné leur plantation, et leur prose, de telle façon qu'au printemps les fleurs écloses dessinent au sol, sur un fond vert tendre, une insulte adressée au monde entier (le voisinage), et ses édiles (des lettres d'un bon mètre de large – cette démesure faisait partie de leur outrage).

Je ne suis peut-être pas du genre à rédiger de telles lettres anonymes, pas du genre à faire pousser des insultes et attendre les beaux jours pour que mon texte, mon *Mané, Thécel, Pharés* dans sa version scatologique, sorte de terre ; mais j'avoue que la méthode ne manque pas de charme, ni d'une certaine grâce et que, cédant une fois de plus à mon attirance pour l'énigme et l'acrostiche, je ne résisterais sans doute pas à l'idée d'imiter les repris de justice.

[**papier à musique**]

Dans les archives : fier, toujours, de mes avancées posément retranscrites sur le papier (je cède aux scrupules du parfait contractuel : je me vante de composer, à partir d'anciens plans révolus depuis deux guerres, des cadastres plus actuels – superbes, actuels et fugaces – et d'une précision supérieure à celle des documents en circulation : car la perfection de ceux-là se corrompt, d'erreur en erreur, de coquille en coquille, à mesure que ma campagne progresse), fier des épreuves qu'elles font subir aux enceintes, à l'immobilier – par la même occasion aux géomètres, aux arpenteurs – à ce point remonté que j'en viens à exiger pour mes mauvaises herbes, venues du ruisseau ou de plus bas encore, des égards partagés principalement par les marchands de bien, les propriétaires ou les spéculateurs : j'exige d'inscrire (et j'obéis aussitôt à ma propre injonction) mon chanvre et mon liseron, nommément, sur les registres.

[**grand muflier, chevalier rouge**]

Certaines âmes confuses évaluent mon agriculture selon des critères maladroits ; finissent par prendre mon apocalypse pour l'antéchrist en personne – bien entendu, si je compte reconstituer la Fin, anticiper le Jour du Seigneur sans Seigneur, la Parousie sans Fils et le Millenium sans Saint-Esprit, je me dois de faire intervenir un antéchrist tel qu'annoncé par les prophètes (faute de mieux, je me contenterais d'un épicéa venu de la Forêt-Noire, dont la silhouette aurait l'envergure d'un prince des ténèbres – quant au jardinier lui-même, accompagné de bottes et d'une brouette imparfaite, il ne peut prétendre qu'au statut de faux messie : tous ses *en vérité, en vérité* ont des accents forains).

Peu importe que l'antéchrist porte un œillet à la boutonnière ou une faux sur l'épaule (deux versions possibles d'un antéchrist botaniste), seul compte qu'il tire un lierre par-devers lui ou se fasse, à chacun de ses pas, le promoteur de broussailles interdites aux hommes, dévolues aux seules chimères (elles n'ont, pour asile, pour point de chute, que l'Apocalypse de Jean, Patmos à l'heure de la dernière heure, ou mes propres jachères) ; et qu'il répande l'ordure sous prétexte de fertilité.

[euphorbe réveille-matin]

La dame-d'onze-heures, dans son deuil de bonne femme (sa toilette plus grise que noire, un chignon négligé sont un deuil improvisé avec les moyens du bord : tout tient lieu de crêpe, y compris un reste de bas ou le loup d'un très ancien réveillon) : je la vois quitter chaque matin l'appartement et filer, un sac à la main, un chapeau sur la tête, vers les allées de Saint-Vincent, fidèle comme si elle devait, en plein juillet, y arroser sans faute un basilic ; elle ne rate ni un jour ni un bus, décrète la Toussaint permanente, abandonne plutôt sa cuisine, sa lessive et les jeunes gentianes que je lui offre en gage de condoléances ; ne veut pas prendre le risque de rater une visite, retourne au chevet du tanneur, ici devenu table rase, pierre plate, lui rapporte les nouvelles de chaque jour, au risque de se répéter, de lui servir les mêmes fadaises, qu'il n'entend plus – (ces vieilles dames à confesse, qui n'ont plus rien à avouer, plus rien de véritablement déshonorant, mais s'y rendent tous les jours, y révèlent leurs pensées pures). Tenue par une fidélité posthume, elle entretient sa tombe comme elle bordait son lit ou blanchissait son col ; ici arrache la mauvaise herbe et passe un chiffon sur la pierre de peur qu'un rien de poussière ne vienne rapidement combler le faux relief, masquer les lettres de son nom.

Je la vois partir le matin : suffisamment tôt pour être sûre de bénéficier d'une place assise dans les différents bus qui, de correspondance en correspondance, la conduisent jusqu'aux tombes ; je la vois revenir de nuit ou peu s'en faut, après une journée complète à ruminer, au-dessus d'une dalle, un vague mauvais sort. Elle mâche un chagrin dont elle ne reconnaît pas le goût, fait mine de se recueillir – tout le deuil étant masque et la peine bonne figure – éternue faute de pleurer ; vient sur cette tombe pour convertir somme toute une morosité de mercredi des Cendres ou de dimanche pluvieux en véritable prière au mort.

[rose du Brésil]
Tout bon millénariste, s'il s'intéresse à la biomasse, s'inspire un jour ou l'autre de l'Amazonie : à cause de ses dissimula-

tions (sous l'arbre, un arbre, et dans le serpent un autre serpent – une fièvre se superpose toujours à une autre fièvre), à cause des chiffres invraisemblables auxquels elle nous habitue (y compris les chiffres de ses hectares détruits chaque jour), ou à cause de ses cruautés : cruautés d'insectes et de lianes, d'humidité constante, de pièges difficilement reconnaissables et parfois même ignorés, de labyrinthes dessinés par l'égarement de tout et de tous.

[**araignée du Brésil**]

L'Amazonie inspirera le jardinier parce qu'elle est aussi le lieu des dernières métamorphoses : au plus bas de ces forêts, la pluie permanente se confond au flot ascendant des brumes, à la transpiration des végétaux ; s'il tombe un fruit (après trois jours entiers de chute à travers un treillis de branches entrecroisées : une chute lente, à chaque étape plus confuse, et qui se termine en vague suint), il peut s'agir parfois d'un singe.

S'inspirer de l'Amazonie pour fomenter l'apocalypse : après tout, marins brûlés, conquistadors en rupture de ban, jésuites en shorts et papistes en brocards et chasubles, confesseurs et soldats, remontaient l'Amazone sous prétexte d'Eldorado et pour trouver, là-bas, en l'état, le Paradis chanté par nos vêpres – et n'ont pas su trouver ce qui pourtant crevait les yeux, c'est-à-dire une copie presque fidèle des enfers, ou plus exactement d'une Apocalypse déployée dans laquelle l'enchevêtrement des sous-bois rappelle les raisonnements torturés d'Augustin, les extases de Jean de la Croix ou les excès des docteurs gnostiques pour qui l'étui pénien serait un calame sacré ; dans laquelle aussi le caoutchouc tenterait d'imiter les bestiaires eschatologiques, et chaque iguane la Bête des illuminés. Le devoir de tout jardinier adventice, une fois persuadé de trouver un modèle possible dans cette Amazonie chantée par les voyageurs, est de propager cette forêt vierge au cœur des villes exactement comme – bel esprit de symétrie – les loyolas en sandales ont cherché à introduire, comme si c'était pénicilline, Jésus et la peur du Jugement au cœur des forêts tropicales, jusque sous leurs lianes et parmi des larves d'insectes qu'ils embrassaient aussi pieusement qu'un lépreux d'Emmaüs.

[oiseau du paradis]

Dans ces forêts d'Amazonie, existent des symbioses héroïques, sensuelles, mystérieuses, dont je voudrais être l'imitateur, ou l'héritier : des algues parasites se fixent au pelage des paresseux – ils ne prennent évidemment pas la peine de s'en débarrasser, et se couvrent sans se plaindre d'une agréable teinte verdâtre (rien ne se perd : cette nuance épinard permet au primate de se fondre dans le paysage, d'échapper à un prédateur – improbable prédateur, dont j'aimerais bien connaître le nom, et la nature).

À l'image de son modèle, ma forêt vierge domestique usera de subterfuges : en Amazonie, ce sont les singes, dit-on, qui agitent les cimes et les plus hauts branchages : sans ces régisseurs, ces machinistes, la forêt serait immobile – partant, peu crédible.

Forêt si dense que les arbres tiennent debout un siècle encore après leur mort, tenus par d'autres, compressés mais hautains, s'en allant par le haut, démembrés feuille à feuille, branche à branche, par les capucins hurleurs en quête de projectiles.

[**saxifrage négligée**]

Malgré une longue pratique (acquise, il est vrai, de nuit, et à tâtons, en profitant de la confusion, des erreurs, rarement de la précision des gestes) je ne possède pas la main verte : cependant cette maladresse ne fait pas mourir mes capucines ni sécher sur pied mes érables, mon incompétence relative (celle d'un profane) ne conduit pas mes roses (Antigone, Joséphine) vers leur mort prochaine – au contraire, ma science boiteuse alliée aux fumures (dont j'invente moi-même, avec gourmandise, des recettes nouvelles : il y a quelque chose de noble à faire de l'or avec d'ultimes résidus, de même les anciens alchimistes avaient du mérite à se montrer crédules), mon quart de savoir et mes gaffes de béotiens assurent mes succès, amènent le moindre brin d'herbe à triompher du ballast.

D'expérience (empirisme ou observation), je sais que les meilleurs jardins sont le fruit de la négligence, qu'auprès des âmes charitables on ne fait pas de longs séjours – les ombellifères, paraît-il, s'épanouissent auprès des paresseux, des couples indécis ou des célibataires découchant sept nuits par semaine. Le jardinier devra donc apprendre à compter sur la ténacité du végétal : les plantes d'appartement souffrent de l'abondance, n'aiment après tout que la rareté ou le juste équilibre des choses comme si l'épicurisme mesuré connaissait là sa plus sûre expression : pas d'eau versée sans compter, mais cette humidité légère, constante quoique purement hasardeuse, et un arrosage rare, chiche, tout juste de quoi ne pas transformer le terreau en poussière de craie.

Entretenir un jardin apocalyptique (anticiper la fin du monde) apaise les aigreurs, réconcilie le jardinier, naguère perpétuellement contrarié, avec tous les accidents, toutes les intempéries. Une saine philosophie, confortable éthique mâtinée de matérialisme, amène le cultivateur à supporter la pluie comme le soleil du moment qu'elle arrose les pelouses et qu'il fait mûrir les grenades. Entamer une horticulture de la mauvaise herbe et de la saxifrage à des fins millénaristes m'incite à aimer l'averse favorable à mes champignons, le vent favorable au pollen, les mouches qui, en dépit d'une gastronomie plus souvent coprophile que végétarienne, alimentent de loin en loin des pièges-de-Vénus, les guêpes et les abeilles au nom de leur contribution à la fécondité de toute chose, les émanations carboniques, la fumure et le guano puisque tous les rejets sont recyclables, la grêle peut-être si elle éclaircit les taillis et renouvelle les cultures, la friche et l'abandon, les tempêtes, enfin les orages d'été au nom de la foudre et du crépuscule précoce qui servent de décor à mon apocalypse.

[silène gaie]
Un jardinier millénariste est une créature dont l'optimisme ne peut être entamé, même par le pire des cataclysmes (il vient alors s'ajouter aux tableaux des prophètes) : aucune catastrophe ne trouble ses derniers jours tranquilles : un incendie de forêt ne lui est pas un sujet de mouron ; il sait

qu'après un feu ravageant des hectares, la molinie ou le brachypode penné trouvent le terrain idéal de leur épanouissement, de leurs débauches : toute suie, toute cendre, toute terre ravagée par les flammes leur sont un terreau propice – après quoi, molinie et brachypode, rassemblés en bosquets charnus, font une litière, ou un matelas, presque un jardin pour de futures idylles ; et la vie continue. (Il sait incidemment qu'un feu favorise la garrigue, que la garrigue annonce le thym, le thym le genêt et le genêt une forêt de chênes.)

La pluie s'avère bienveillante pour son herbe, le soleil pour la vigne, le vent pour son pollen ; les incendies régénèrent ses cultures (il saura se faire prophète *a posteriori* : les feux de l'été deviendront pour lui, passé septembre, la colère prévisible des dieux, ou le résultat de ses propres anticipations) – par ailleurs, les chablis sont la préfiguration du joyeux pêle-mêle auquel il aspire : les arbres sur le flanc donnent un exemple à peu près exact de ce que sera l'enchevêtrement définitif, le tohu-bohu, par quoi tout se termine, tout fout le camp.

L'incendie ne lui provoque pas de cheveux blancs – ni le surpâturage : dans les contrées surpeuplées y compris en période d'exode rural (quitter le village, y revenir, le quitter à nouveau, rentrer définitivement : tous ces allers retours, l'indécision enregistrée par l'historien ou le sociologue, érodent les terres), le sol piétiné par les derniers troupeaux de vaches laitières, là où ne résiste apparemment que le silex et le basalte, une petite plante subsiste, qui fait de cette désolation son nid douillet : le poil-de-bouc pousserait (dit-on) sous la roue des charrues et sous d'autres rabots.

Aussi : tout bon jardinier doit connaître suffisamment de plantes pyrophytes (il en parsème ses prairies, chaque mètre carré gagné sur l'indifférence) : des herbes qui non seulement supportent le feu, mais s'en nourrissent, vieilles salamandres, en ont besoin comme d'autres de la pluie pour leur régénérescence. Le jardinier saura profiter d'un feu capable de stimuler ou d'accélérer la croissance de ses plantes, provoquer leur germination, sortir une graine de sa dormance ; il apprend que certains agriculteurs, avant de les semer, font chauffer des semences dans leurs poêles à frire : cette farce lui servira d'exemple.

De la même façon, ses cultures supportent les désherbants : l'acide dichlorophénoxyl-acétique détruit bleuets et coquelicots (renoncules et liserons) mais laisse intacts, et triomphants, la mauve musquée et le vulpin – qui se contentent, eux, de n'importe quelle pharmacie.

Il n'existe pas non plus d'urée indésirable (le jardinier ne se déboutonne que pour faire don de son azote – et de son potassium ; invitant ses concitoyens à en faire autant, inaugurant des exhibitions d'autant plus cyniques qu'enfantines, mais utilitaires : en tant que contribution à la fertilité des sols).

[herbe-à-jaunir]
Les espaces nus, les pentes raides sans un brin d'herbe – des sols entièrement déserts hormis un seul vieux platane – ne sont pas pour moi des échecs, ni des oublis : présent où il est absent, par nature étalé (son pollen se déplace à la vitesse du vent : terrien selon son métier, l'horticulteur partage avec le

marin, le nautier, le même intérêt pour les tramontanes : l'amour en alerte des grains d'orage), le jardinier en campagne considère un hectare de boue désolée comme un terrain en jachère : qui reconstitue ses forces et, encore une fois, ne perd rien pour attendre. Quand par aventure des agents d'entretien arrachent mes semis sauvages alors, pour me consoler (pour convertir un camouflet en triomphe, une claque en applaudissements), pour m'autoproclamer vainqueur des campagnes perdues, propriétaire des gazons qui m'échappent, gardiens des jardins où je n'ai jamais eu mes entrées, j'affirmerai que les terres pauvres sous le goudron me sont des aubaines et quand, à bout d'arguments, la ville prophylactique troque la serfouette contre le défoliant, quand les communes boutent le feu à mes bambouseraies, je considérerai l'offense ou l'offensive, ces attentats, comme une contribution bénévole à ma propre politique de terre brûlée.

Convertir les claques en applaudissements : le jardinier, face à l'adversité (celle, calculée, des voiries ou des services municipaux, celle, innocente, des anonymes et des passants qui prennent soin d'arracher la mauvaise herbe entre deux marches d'escalier : c'est une récréation et un réflexe de survie), doit savoir renverser la situation, à l'aide du moindre effort ou d'un raisonnement bien mené : il se choisit, en tant que saint patron des humiliés et des solitaires sujets aux critiques lapidaires, ce comédien, cabot sans doute (mais qui s'interdira d'aimer le cabot dans l'acteur ?), bonimenteur ou grandiloquent (ïambe, trochée, dactyle), qui est parvenu, tout au long d'une carrière admirablement accomplie, à se bâtir une villa avec l'appoint des seules pierres reçues à la volée sur la scène, valant pour toute critique (heureux, finalement, qu'une certaine civilisation des mœurs n'ait pas encore réduit par euphémisme la pierre à l'état de tomate avancée, périssable).

[ail très rude]

Quand des censeurs arrachent mes philodendrons, je prends ces sabotages pour la taille nécessaire que je n'ai pas toujours le courage d'accomplir – (je les regarde agir : ils opèrent de jour quand moi je fricote en pleine nuit – je ne laisse rien paraître de mes sentiments et observe leurs travaux en compagnie d'autres retraités, spectateurs sans affects, qui tuent l'ennui en jetant un œil par-dessus des palissades protégeant les chantiers).

[lichen poumon]

Optimiste, insouciant, leibnizien à sa façon (très *meilleur des mondes possibles* considéré comme un slogan d'agence de voyage ou comme le credo d'une foi impartageable), le jardinier de la mauvaise herbe ne craint pas la pollution, ni les déluges ni les pluies acides, pas plus qu'il ne redoute le charbon ou les hydrocarbures – il avoue avec forfanterie ne pas craindre les pots d'échappement ni les cheminées d'usines, les crassiers en déshérence et les déchets ultimes enfouis à la sauvette : toute pollution chimique est un éden pour ses plantes nitrophytes (chardon, bardane, consoude, eupatoire) ; la maldonne, les erreurs, les rejets imbuvables se traduisent aussi par de superbes floraisons (chélidoine, gratteron, houblon, douce-amère, clématite) et plus le ciel se plombe, plus les couleurs des pétales sont fraîches, plus ses buissons montrent bon pied, bon œil. On ne dira jamais assez dans quelle mesure la campagne anglaise, aux pelouses toujours vertes, est un don du smog.

Par exemple : autour d'usines parfois en friche, mêlant ronce et rouille, autour des centrales électriques (à cause de la chaleur suspecte qui règne dans les parages des réacteurs), pousse une très remarquable *vallisneria spiralis*. (Semer d'avril à juin en pépinière ; mise en place à l'automne, à dix centimètres de distance.)

[herbe enragée]

Pour l'horticulteur en formation serrée, le chancre et le charbon ne sont pas des maladies inquiétantes, susceptibles de lui faire perdre le sommeil (ce sommeil qui, depuis peu, berce ses nuits) – pas plus d'ailleurs que la bigarrure, parce qu'il ne craint aucun mélange – ni l'échaudage, parce que toutes les expériences sont bonnes – ni la grisette, ni la roulure, parce qu'aucun péché véniel ou mortel n'entrave sa course vers le Paradis.

Je distingue la rouille sur l'envers des feuilles comme la nuance Carpaccio nécessaire à mes natures mortes ; je repère la teigne dans l'écheveau des racines, je l'épargne quand je pourrais la saluer d'un coup de talon – avec le puceron noir, la pourriture grise et le blanc-du-pois, je tente d'appliquer au motif un dégradé de gris, dans le ton désolé d'une veille de fin du monde. Je ne souhaite pas éradiquer la mosaïque du dahlia, ni le chancre, ni l'hyponomeute qui tisse sous les ramures d'énormes cocons et des toiles poussiéreuses semblables à celles des vieilles combles ; je salue aussi le tigre et le ver ; la maladie du rouge, qui colore les aiguilles de pin, m'inspire un hochement de tête : il n'approuve ni ne désapprouve. Un romantique adore la marguerite, j'aime moi la mineuse de l'ancolie. Pour toutes ces raisons, je suis avare en acaricides, insecticides et fongicides : soit mes plantes se maintiennent en bonne santé, soit je propage grâce à elles des images de morbidité, à la façon des cires édifiantes montrant au peuple les ravages de la syphilis – les conséquences d'amours adultères, ou commises à l'improviste.

[flambe]

Mes hectares se repaissent de l'azote – nuisible aux mammifères, ou comme son nom l'indique, étrangère à toute vie. Quitte à passer pour un charmant jardinier du dimanche, dépourvu du moindre esprit d'offensive, je m'efforce de planter des arpents entiers de luzerne, de soja, dans l'unique but d'obtenir, après des symbioses dont j'ignorais tout jusqu'alors, ce produit utile à mes végétaux. Dans le cas contraire, si jamais les rigueurs de l'hiver ou l'offensive des adversaires m'empêchent d'étaler mes cultures, le manque d'azote ne fera pas de moi un jardinier malheureux, démuni (l'arboriculteur ne craint pas davantage les coupes claires que les coupes sombres) : je me réjouis à l'idée qu'un besoin en azote est tout aussi facilement satisfait par des engrais synthétiques déversés sans mesure, ou par une pollution sourde, par une eau trouble venue s'épandre sur mes jonquilles – aussi, l'idée que la synthèse d'une tonne d'engrais impose de brûler deux

tonnes de fioul me remplit de satisfaction (tout ce qui anticipe la fin des réjouissances me comble et m'amuse, au même
titre que les chutes de Charlot ou les faux pas de Max Linder :
tous les Declin and Fall ont un petit air tragi-comique,
quelque chose d'une opérette en pleine bourrasque au cours
de laquelle le vent fait tomber les fausses barbes, les perruques
mal fichues, les costumes à quatre sous : la défaite y est totale,
mais l'auditeur mélomane préfère encore la sincérité de la
honte et du dépit à l'imposture mal cintrée de ces postiches).

Malgré sa mauvaise réputation, j'apprécie l'engrais de synthèse, j'envisage avec une jubilation à peine contenue les
gaspillages que tout cela suppose, la débauche d'énergie fos-
sile, les privations qu'elle engendre, les brumes et les fumées
recouvrant le paysage : à Patmos, Jean voyait s'abattre sur le
sol un brasier mêlé de sang.

[**scabieuse luisante, ail serpentin**]

Le jardinier regrette l'époque où nos villes s'éclairaient
au gaz (c'était aussi le temps où des chevaux tiraient les omnibus : désormais la fumée des moteurs remplace le crottin
naturel, distribué au pas de course) : la crude d'ammoniac,
sous-produit de ces lumières, pouvait servir d'engrais. Tout
millénariste appréciera ce paradoxe, qui tourne à l'avantage
du végétal, et ressemble à une pirouette de rhéteur : plus la
ville s'illumine, plus les champs prospèrent.

Pas de cornue, pas d'alambic, ni de cul-de-poule et de
marie-jeanne : le jardinier n'est pas un cuisinier, un souffleur,
un alchimiste, il ne réduit pas de la mort en poudre pour la
faire tenir dans une dragée, il n'anticipe par la Fin des Temps

à l'aide, seulement, d'abortifs ou d'opium somnifère ; malgré tout il sait quel rapport existe entre la gousse d'ail et le tri-sulfure de méthylallyle.

[faux-pied paradoxal, paradisie faux lis)

Des arguments sous lesquels disparaît le millénariste : je pourrais prétendre ramener à la vie – hors de terre, à la manière de gnomes scandinaves au teint de radis noirs – des légumes oubliés, datant de la poule au pot ou d'un Moyen Âge de légende ; je pourrais prétendre sauver l'environnement et que la pimprenelle redonne de la verdeur à des forêts exsangues (de quoi convaincre en vérité la bohème et les physiocrates). Pour flatter les familles nombreuses, ou les nécessiteux, les congés payés avides d'exotisme *poshlust*, de plages au sable tamisé, pour donner aux vacanciers restés en ville l'illusion de lagons tièdes auxquels ils rêvent, le jardinier adventice plantera le long des avenues les plus passantes d'immenses cocotiers : quitte à se réjouir ensuite des accidents consécutifs à la chute de leurs fruits : les noix tombées de haut ne font pas de concession. Humaniste malgré tout (l'humanisme du fossoyeur : toujours seul), il espère que les projectiles prendront pour cible de préférence les capots plutôt que des crânes – (et pendant que la noix tombe, le jardinier vante les mérites de ses arbres).

Si la parole ne suffit pas, si les balivernes s'épuisent, même servies par une grammaire irréprochable, une syntaxe reconnue par toutes les académies, y compris les plus sourdes, le jardinier s'en remettra une fois de plus à ses cultures : potagers, forêts, friches, savanes : c'est la propagande par le fait.

Les fleurs ouvertes lui servent à la fois de victoire et d'enseigne – le jardinier apocalyptique est un artilleur qui confond obus véritable et feux du quatorze juillet, assauts et salves tirées à blanc pour saluer les réjouissances ; il fait avancer sa campagne en ville comme si, déjà vainqueur, il ouvrait le bal dans un pays conquis.

[**achillée distante**]

La dame-d'onze-heures s'agenouille au pied de la tombe, non pas pour prier mais pour enlever les feuilles mortes et les tiges malades, prendre soin des fleurs en bouton, rempoter un chèvrefeuille, sarcler discrètement les plates-bandes qu'elle a fini par creuser de part et d'autre de la pierre.

Il m'arrive de la suivre, sans lui emboîter le pas pour autant, ni la serrer de trop près, la distance respectueuse étant le propre des filatures prudentes et du bon voisinage (le nombre de mètres nous séparant joue le rôle d'interminables fiançailles) ; je tiens à maintenir, entre elle et moi, l'espace et le temps nécessaires : non seulement je m'efforce de m'asseoir six places derrière elle, mais je tiens à le faire dans un autre autobus. Il m'arrive de la suivre et, de plus loin encore, il m'arrive de l'observer – et j'apprécie en connaisseur (en expert dilettante) le savoir-faire qu'elle met en jeu pour entretenir sur sa tombe quelques plantes aux feuilles persistantes.

Une science et une habileté par moments spontanées, sauvages : en tant que jardinière, la dame-d'onze-heures atteint son but quelles que soient les méthodes : parfois l'obéissance à des règles que j'ai moi-même adoptées, parfois l'improvisation, le risque, l'incohérence (qui, eux, m'échappent : si j'ai parfois joué les avant-gardistes, les francs-tireurs, c'était par accident).

De voisin à voisine – de jardinier à jardinière : il m'a semblé naturel de lui donner des conseils ; toujours selon mon code de bonne conduite et d'amour courtois qui me rend avare en paroles comme en gestes, j'ai voulu contribuer à ma façon à ce petit jardin improvisé sur place, ce massif de fleurs qui, presque par mégarde, envahit la pierre tombale. Je l'aide à étoffer ses cultures (un coup de main discret, invisible, effectué s'il le faut la nuit, en son absence : ce minimum d'activité me donne le sentiment d'épauler une novice et, pourquoi pas, de former une apprentie sans prononcer un mot de trop – occupe d'autre part tous mes sens et mon énergie à l'heure où mes propres plantations, en place depuis longtemps, paraissent fructifier d'elles-mêmes, et ne demandent plus guère de soins hormis ceux qui consistent en une impétueuse persévérance), je la fournis en bulbes, semence et engrais (la fumure fait partie de notre protocole sentimental) : l'une de mes premières contributions à son jardinage, contribution à sa piété familiale, est une datura, un tamier, un redoul, ensemble floral que je considère encore aujourd'hui comme composant une élégante symétrie, un bel artifice, un juste rappel des motifs : car veillent pour ainsi dire sur la dépouille du tanneur celles qui ont accompagné ses derniers jours.

[herbe-à-Chiron]
Je fournis à la dame des graines d'hellébore qu'elle parvient à faire prendre sur un sol ingrat : la maigre ruelle séparant

deux concessions, comblée par un gravier aride : de juin à septembre, une éclosion subtilement alternée d'héliotropes exhibe parmi les morts une joie de vivre presque offensante. Je l'ai aidée dans la mesure de mes moyens et de mes réserves (car la plus grande partie de mes fonds – mes semences – est attribuée à ma propre campagne) puis, le temps venant, l'habitude et l'expérience, la dame a pu entretenir seule cette pierre tombale devenue jardin, puis potager, puis parc sans mesure. J'ai participé de loin, de chez moi, à l'entretien de la tombe, à son débordement ; sous couvert de condoléances, j'ai confié des bulbes de tulipes, des forsythias en fleurs et des lauriers roses de bonne taille, pour que la dame-d'onze-heures, pas vraiment dupe de mes compassions, les dépose sur (ou autour de) la dalle ; j'ai voulu agrémenter l'ordinaire, comme au temps où je remplissais sa cuisine d'aromates, repousser l'inévitable chrysanthème ou immortelle pour introduire à leurs places (en prétextant, toujours, et gratuitement, le deuil, la compassion, le souvenir) des boutons d'or, des boule-de-neige, un volubilis, une chaîne-des-cœurs, un œillet d'Inde, un millepertuis, des pâquerettes, des aubépines, un pied d'ancolie, un pied de belladone. Tendrement (mais ferme), j'ai incité la voisine à ne pas se contenter de fleurs, de nourrir son propre recueillement d'arbustes ou d'arbrisseaux, de palmiers nains dont les palmes viendraient distraire sa mélancolie ; je lui conseille d'orner sa tombe, puisqu'il s'agit de décorum, en choisissant des bonsaïs aux formes torturées ou des orangers d'apparat, dont les fruits immangeables évoquent de mesquines décorations pour la Noël. À cause de mon obstination (tacite : il s'agit seulement de poser sur notre balcon les fleurs qu'elle emporte ensuite au cimetière Saint-Vincent), à cause de mes condoléances perpétuelles devenues canulardes, et grâce au savoir-faire de la dame-d'onze-heures, la tombe au bord de la travée a vu pousser des conifères, des yeuses, un tout jeune tilleul qui ne dépasse pas la taille d'un Christ en plâtre, et un palmier dattier – un palmier qui nous a donné l'idée, ou l'envie, de multiplier aux abords de cette pierre des arbres fruitiers, d'autant plus plaisants, ou nécessaires, que leurs fruits seront vifs, d'un rouge exacerbé, et de taille suggestive – on connaît des poires androgynes, réunissant en une seule forme toutes les rondeurs de l'obscénité : couillues, mamelues, fessues et ithyphalles.

(Il s'en est fallu de peu pour que la dame-d'onze-heures se contente des chrysanthèmes, monnaie-du-pape, soucis et pensées ordinaires, pot de fleurs fanées aussitôt achetées ; il s'en est fallu de peu pour qu'elle demeure ainsi agenouillée en face d'une dalle déserte tout juste bonne à aiguiser le tranchant des lames, elle aurait passé le reste de ses jours à regretter son mort et gratter à l'aide d'un couteau à beurre le lichen envahissant les lettres en taille-douce de la plus chiche des inscriptions. Il s'en est fallu de peu pour que la dame – son chagrin : une conjonctivite mouchée dans une serviette, mais sincère – renoue avec l'ennui de part et d'autre des couronnes, reconstitue en compagnie de son tanneur un tête-à-tête aussi taciturne qu'un de leurs anciens repas en solitaire, quand vivre en ménage signifiait aspirer à l'unisson chaque cuillerée de soupe.)

[mil]

Pour jouer sur les noms et les choses, aussi pour réconcilier les experts dans la querelle qui les déchire à propos des terreurs de l'an mil, à propos des apocalypses prophétisées au tournant du Xᵉ siècle, des prédicateurs précédés de foules en panique, des millénaristes ne jurant que par l'Avènement et le Jour du Seigneur – afin de trouver une solution élégamment philologique aux disputations d'historiens, le jardinier adventice propose une lecture personnelle des textes : une leçon volontairement maladroite selon laquelle l'an mil ne se réfère pas au comput, ni aux dix siècles d'un imminent règne de l'Esprit – mais tout simplement à la céréale : comme si les peurs de l'an mil étaient en vérité celles d'un autre ergot du seigle, ou charbon du blé, celle d'une épidémie, d'une disette sans précédent, d'une mauvaise récolte affligeant particulièrement le mil et des essences cousines – ou au contraire la crainte d'une prolifération de mil adventice détruisant le bon grain à l'image des sauterelles ravageant des cultures : un florilège médiéval, alternant licornes et fougères, coquecigrues et chêne parlant, pourrait évoquer la marche sur la ville de plusieurs boisseaux de mil sauvage, comme s'ils étaient des rats des champs, animés par des cornemuses.

[à-tous-maux]

Les prophètes et ce qu'ils prophétisent : leurs oracles se terminent fréquemment par des tournées conjointes de poisons et d'élixirs de jouvence, ce que tout bon jardinier doit savoir appliquer à son artisanat, en cultivant par exemple autant de plantes toxiques que d'aphrodisiaques, d'aiguillons que de

pommes reinettes. S'il parvient à recouvrir la ville de broussailles, de racines et d'ombrages, c'est en promettant, pour qui
en réchappera, la béatitude après l'apocalypse : des récoltes
à longueur d'année, et l'ambroisie, la panacée, accrochées à
l'arbre dont les feuilles soigneront même les migraines.

Mais j'ignore toujours ce qui fascine le plus chez un prophète, ou chez le charlatan qui l'imite à la perfection : les
plaisirs qu'ils laissent présager ou les menaces les plus défini-
tives : pour flatter son Henri IV à la fin du IXe siècle, Benzo
d'Albe lui murmurait à l'oreille (par où l'on verse le poison et
le fiel) qu'il était, enfin, l'Empereur des Derniers Temps, celui
avec qui le monde se termine ; portés sur l'avenir comme on
peut l'être sur l'alcool, des princes et des peuples qui n'ont
d'autres soucis qu'eux-mêmes sont heureux d'être ceux par
qui le monde se termine.

[**trompette des anges**]

Prophète en aucun cas (malgré la fréquentation assidue,
trop assidue, des baraques foraines, du tarot de Marseille, ou
d'une numérologie étrangère à ma propre algèbre – assez
fruste : ma géométrie est purement linéaire, respectueusement
euclidienne, mon arithmétique se résume en quelques règles
utiles pour la transposition des hectares en centimètres carrés), mais attentif aux paroles d'Isaïe comme à celles de n'importe quel devin celte entouré d'hamadryades, fidèle exécuteur des oracles testamentaires : en tant que jardinier, je suis
l'officier de leurs œuvres, le régisseur des prophéties, même
les plus absurdes ou les plus éculées (en tout cas tombées
dans le domaine public, qui est l'au-delà paradisiaque de ces

choses-là, leur unique métempsycose), en dépit du fait que
les oracles semblent devoir se passer d'aide, n'attendre que
le bon vouloir d'en haut, parce que le destin répugne à
dépendre du bricolage d'un particulier.

J'agis en exécuteur consciencieux des oracles – mais pour
nourrir ma campagne, si parfois elle s'étiole, plutôt que de
répandre de l'engrais, je pars comme un assoiffé à la recherche
de présages oubliés. J'envisage alors d'exhumer d'autres prophètes, je rêve d'aller déterrer quelques millénaristes, prêcheurs d'apocalypse, conseillers des princes en matière de Fin
des Temps ou bien illuminés jetés dans des culs de basses-
fosses situés au-dessous du niveau des fleuves. Plutôt que de
les exhumer – pelle, pioche, nuit noire – il me faudrait les
ressusciter par la langue et l'écrit (les leurs), remuer les foules
plutôt que la terre, me servir de rhétorique comme d'une
panacée propre à réveiller les morts ; j'irais dépoussiérer les
livres de Joachim de Flore, je présenterais aux populaces les
millénaristes tels qu'en eux-mêmes ils se mettent à découvert,
souverains vaincus, beaux esprits superbement lamentables,
génies du christianisme et du pilpoul chrétien, raisonneurs
furieux capables d'associer logique et bestiaire, analyse rigou-
reuse et tératologie ; à la fois juges et roi, pour reprendre les
mots de l'Ancien Testament, mais en apparence déchus,
dépouillés de toute gloire et convaincus d'erreur puisque,
quels qu'en soient les chiffres et le calendrier, leurs prophéties
sont contredites de la façon la plus simple qui soit, par le
temps qui passe, l'heure qui tourne – tout lendemain réfute la
Fin des Temps, d'un jour sur l'autre transforme un antéchrist

en aiglon vivant en ménage avec son pucelage, une bête triomphante en léopard domestique pour impératrice capricieuse, une Babylone de fange et de rideaux rouges en ville ordinaire cernée de périphériques. Déchus, infirmés, les millénaristes ne seront pas pour autant discrédités, ainsi que le serait un prospecteur chantant d'une décennie à l'autre la prospérité offerte comme les pacotilles de la Pinta par, au choix, le suif, les polymères ou la cybernétique – debout, toujours debout et, même contredits par les faits, toujours vivaces, toujours terriblement crédibles au point de supposer que c'est notre parodie d'histoire qui se trompe et persiste dans le temps à la façon d'une mystification que personne ne s'avise à détrôner.

[trompette-du-Jugement-dernier]

Que peut apprendre un jardinier des pères de l'Église ? Les prophètes du désert ne connaissent que cailloux, ne peuvent m'enseigner que leurs propres lapidations – et chacun peut n'en tirer qu'une géologie absurdement symbolique ; seuls quelques patriarches ont su cultiver leurs jardins, en se bornant aux racines, faisant pousser la carotte dans un esprit chrétien hérité de Qumram ou issu d'un Noé interprété de travers (un bouilleur de cru poussant le sens de l'hospitalité jusqu'à accepter le phylloxéra au cœur de ses vignes), refusant d'arracher la mauvaise herbe comme de lancer la limace dans le jardin du voisin : ceux-là me servent de grands ancêtres. D'autres, peut-être, chrétiens du nord passant de Bretagne en Irlande, influencés dès leurs naissances par les derniers druides déjà démodés, voués au folklore, connaissant l'art de la taille et la dendrochronographie, voient dans la roue d'un grand tilleul le modèle naturel de la croix du sauveur et dans les figuiers du Maroc, taillés en un Y presque parfait, une lettre de plus à rajouter au grand livre de la création – mais ceux-là n'ont pas cours dans les Testaments.

Jérémie ne parle que de désert, de tempêtes, de sécheresse *(il n'y a plus de verdure)* et de feu. Ezéchiel (son indigestion de livre en fait un prophète plus fiévreux que les autres, plus fiévreux que ces rêveurs dont il faut se méfier puisqu'on a provoqué leurs rêves) n'imagine le mur écroulé que par la grêle (et c'en sera fini de ceux qui le plâtraient et le replâtraient). S'il évoque un arbre, c'est pour le voir s'effondrer aussitôt, afin de mieux annoncer l'imminence de toutes les morts – (ce n'est pas l'arbre en pleine croissance qui fait tomber la ville, mais l'arbre abattu : par le bruit de sa chute, il fait trembler les nations).

L'Ecclésiaste recommande bien, à la façon du plus vulgaire almanach rural, de respecter les saisons au motif évident qu'il existe un temps dévolu aux semailles et un temps dévolu aux récoltes mais, en dépit d'une opinion à fleur de peau, d'un certain ton pastoral et d'une méfiance difficilement dissimulée envers ces jours et ce soleil éternellement remis sur le tapis, n'apporte aucun conseil au jardinier.

[**fleur de tous les mois**]

Le calendrier du jardinier adventice ne connaît pas de jours fériés, ni de jours néfastes. Ça pousse ? il est heureux ; ça ne pousse pas ? il est heureux ; ça fleurit ? il s'en félicite ; ça ne fleurit pas ? il s'en réjouit (tout va pour le mieux, que l'arbre tienne ou ne tienne pas : être de mauvais augure aide à prendre la vie du bon côté).

[hibiscus dormant]

Georges III d'Angleterre, qui n'en était pas à une lubie près, faisait rembourrer son oreiller royal de houblon (plus probablement d'un mélange de plumes d'oie et de cônes de houblon) : ça le berçait encore davantage, rendait ses rêves plus profonds et la folie de ses rêves justifiée par leurs profondeurs (dormait sur, ou sous l'oreiller : à ce point profondément endormi qu'on pouvait le croire mort, étouffé sous trop de confort : mais, folie pour folie, Georges n'était pas de ceux qui choisissent le suicide : persistait plutôt à vivre, et y trouver son compte). Le jardinier adventice aimerait pouvoir, au moyen d'expédients aussi simples, connaître une sérénité sans faille.

[orchidée clown]

Je l'ai vue faire pour l'avoir suivie (attrapant l'omnibus après le sien pour une filature sans histoire, ni excès de vitesse) : la dame-d'onze-heures, incapable chez elle de garder intacte une impatience trois semaines d'affilée (nos rôles se répartissent ainsi : je suis le jardinier maladroit aux fourneaux ; elle est la cuisinière, le cordon bleu, en échec devant un massif), susceptible de faire mourir en un soir un ricin ou du cerfeuil, la dame-d'onze-heures chez qui meurent de soif des plantes grasses connues pour leur aptitude à tenir sept années sans pluies sur le plateau du Sertao, la dame chez qui le cactus se prend des faiblesses de myosotis ou des frilosités de perce-neige – la voisine ici s'occupe avec compétence et génie de ses couronnes puis de son potager cultivé presque clandestinement entre une concession et une autre : manie le sécateur qu'elle m'a dérobé, mon petit arrosoir prévu à l'origine pour répandre de l'insecticide et la serfouette utile en toutes les occasions, prévient les pluies, anticipe les changements de climat, chasse un à un les pucerons, devine du premier coup d'œil les maladies de ses légumineuses (la galle, le plomb et la coulure) ; de jour en jour, y compris le dimanche, la voisine s'est improvisée jardinière, avec mon aide, d'abord, puis sur le tas ainsi que j'avais dû l'accomplir à mon tour, faisant de leur tombe (celle du tanneur, la sienne) son carré de jardin ouvrier, le terrain de ses premières expérimentations ; je l'ai vue biner, butter, sarcler, tailler, éclaircir, introduire dans son terreau des petits bâtonnets d'engrais vendus par les fleuristes ; je l'ai vue imiter les gestes parfois maladroits ou inutiles que j'emploie moi-même chaque jour sur mon balcon, dans le quartier et partout en ville où cela m'est possible ; la tombe de semaine en semaine plus opulente, polychrome, hier semblable à toutes les autres, prend maintenant l'allure d'un jardin d'hiver à ciel ouvert, vigoureux parce qu'en plein vent : les bougainvillées s'y maintiennent comme sous une serre tempérée – les fossoyeurs, plutôt habitués aux pierres nues, aux caveaux gris, à de rares bouquets devenus, avec le temps et sous la pluie, algues brunes, habitués à l'abandon et finalement heureux de voir les vivants oublier leurs morts, ont été surpris par cette tombe toujours verte, et chaque jour davantage, la moindre pousse soignée comme si elle était celle d'une ancolie rare, parfois mise sous globe ou entourée d'un paillis délicat, que les promeneurs confondent de loin avec un paravent chinois. Admiratifs, puis amusés, curieux d'assister quotidiennement aux visites de la jardinière – l'imposante jardinière, chaussée de bottes lourdes, marchant pourtant avec une grâce interdite aux ballerines –, curieux de la voir arroser une fois de plus ses belles-de-jour en utilisant un petit pulvérisateur, amusés de la voir rempoter à l'aide d'une grosse cuillère des iris pour les protéger de l'hiver. Intrigués par la dévotion ou un début d'extravagance, ils ont fini par s'inquiéter lorsque la concession, étroite concession, à elle seule a pris les proportions d'un jardin des plantes. Venues en voisin des caveaux alentour, des familles sur leur quant-à-soi ont tenu à se plaindre auprès d'on ne sait quel croque-mort de ces plantes qui débordent, font de l'ombre à leurs défunts, et de ces premiers fruits qu'elles soupçonnent d'insulter leur recueillement, et toute gravité funèbre.

Au fil des semaines, elle se rend auprès des morts pour assister à la croissance des arbres, la bonne venue de ses fruits, la masse toujours plus considérable des fougères et des petits palmiers (elle trouve, dans ce cimetière fait de creux et de plats, suffisamment d'ombre humide pour les unes, de soleil cru pour les autres). Sur la pierre tombale, des paniers de reines-claudes et des corbeilles de légumes ont remplacé les fleurs sèches et, de plus en plus souvent, sans le moindre remords, enthousiasmée par ses propres cultures, ses belles récoltes, ravie par la tournure que prennent ses cerises et ses aubergines, la dame s'assoit sur le bord d'un caveau, comme un voyageur sur le banc d'un quai de gare, prend une pomme dans la corbeille, la croque jusqu'au trognon en faisant le plus de bruit possible (mâcher remplace l'office des ténèbres) – (jusqu'au trognon qu'elle prend soin de replanter ensuite, puisque l'espoir fait vivre).

[sceptre de maître d'école]

Arbres morts (secs), arbres vivants (verts) : aucune importance : je sais que les plus vieux séquoias d'Amérique, vénérables, millénaires, sont faits pour partie de tissus morts, et pour partie de bois vif où la sève circule encore : un tout petit peu de cellules vives autour d'un noyau entièrement sclérosé. L'horticulteur messianique ne craint pas la mort (pas plus que ses prédécesseurs, prophètes pour qui un au-delà console de l'agonie), sa métaphysique s'oblige à choisir d'autres sujets d'inquiétude et de spéculation ; libéré de toutes les disputes possibles au sujet des Enfers et de la transmigration des âmes, il préfère s'interroger avec gravité sur le ballet des papillons, celui des abeilles, et celui du pollen, conscient qu'une telle pastorale sert souvent de pauvre métaphore aux angoisses sexuelles – mièvre érotisme de Cantique des cantiques.

Même morts mes arbres me font de l'usage (les plus hauts, les plus droits, même réduits à leur fût, peuvent attirer la foudre, et la redistribuent) : certaines armées anciennes, menées par leurs stratèges, n'hésitaient pas à placer leurs morts en avant-garde, le long d'une ligne de crête, à contrejour pour obtenir l'ombre chinoise assortie aux crépuscules, aux fins du monde, au jour finissant du septième sceau : une armée de cadavres, une armée d'hommes vaincus, plus réaliste que celle dite *de terre cuite*, enfouie auprès d'un prince excentrique. Ces armées envoyaient au front le reliquat de leurs infanteries, composé essentiellement de dépouilles,

vêtues de leurs cuirasses, des braves que l'on faisait tenir
debout en utilisant le stratagème habituellement réservé aux
ennemis, aux traîtres, l'infâme peine du pal.

Même secs, crevés depuis la saison dernière, mes oliviers,
mes ormes, charmes et trembles ou séquoias aux noms de
généraux yankees, me seront utiles, me serviront d'enseignes ;
noirs, décatis, leurs silhouettes d'arbres nus, signe d'hiver en
plein été, ou simples traits noirs comme l'encoche dénom-
brant les pertes, ou debout comme des potences à l'entrée des
villes : ils en feront réfléchir plus d'un – faute de sève, faute
de fruits et de feuilles, ces cadavres d'arbres seront érigés pour
inspirer le respect aux pendards, l'effroi à tous les autres,
laissant planer un air de mort et de désolation inspiré des
grandes pestes, annonçant des damnations éternelles, un
avant-goût de veille de fin du monde ; ces branches déchar-
nées, qui se brisent à l'approche d'un vautour, ces troncs
élagués par le gel ou le mauvais sort, me serviront de fourches
patibulaires ; ces arbres creux, ou torts, de pieux sans sève ;
et je souhaite que le cri du corbeau soit indissociable de la
vue de leurs branches (au besoin, j'imiterai).

[chanvre]
Fragiles, friables, les branches sont à l'image d'une désolation, d'une ruine précoce, anticipée, ou de la lèpre qui
démembre. Solides, costaudes, bien campées, elles sont au
contraire une invitation au suicide, devront se montrer
capables de supporter six cordes.

[arbre écouvillon, férule commune]
Des érables convertis en échalas : ces restes de troncs aux

allures de poteaux télégraphiques sans ramure ni houppier, plantés le long d'un canal, devront apparaître pour tout voyageur comme une plaisanterie monstrueuse, un jeu démesuré à l'échelle des catastrophes qu'il annonce, des fétus immenses par exemple, mis à disposition par le plus grand des hasards pour jouer à la courte paille et décider du sort commun, dans un esprit de naufragés acculés à la dernière extrémité.

[**bourse à berger**]

Devenir paysan, ou le demeurer contre toute tentation, s'accommoder de la glèbe, de la fumure, montrer aux voisins, tous témoins potentiels de mes crimes, un dos innocent et fruste de planteur de choux pommés, de céleris raves (la nuque rouge sinon raide), être résolument agraire : tout cela n'empêche pas d'étudier avec envie les cours des changes, ou de suivre avec une curiosité malsaine divers épisodes de banqueroute, de faillite, au contraire de fortune soudaine – peut-être parce que les financiers s'efforcent avec une naïveté touchante de considérer leurs manœuvres comme une mathématique. Une agriculture robuste n'est pas forcément étrangère à des stratégies plus complexes imitées de l'histoire économique (elle aspire à être une version plein air de l'arithmétique) : le jardinier peut reconstituer dans son jardin, à son échelle (un pot de fleurs faisant office de Pays-Bas), la crise de la tulipe, qui a secoué la Hollande au point de faire tomber bien des bourses de bien des ceintures. Il faudrait pour cela remplacer la tulipe, désormais décriée, par une pensée sauvage ou par la fleur du mûrier, une rose tirée du parc de Joséphine (la nature ne compte pas, seulement la convoitise) ; susciter ensuite les désirs et la jalousie, provoquer des marchandages, des surenchères, une fois de plus considérer l'émulation comme une catalyse – enfin, d'un rien, et sur un coup de tête, défaire les fortunes encore jeunes, provoquer les ruines en dévaluant les cours : des grandes fortunes, qui auront sacrifié un fief pour l'acquisition d'un seul bulbe, seront, comme au bon temps des tulipes de Hollande, ramenées sur leur paille d'origine, se contenteront de mouron pour rose, de pas-d'âne pour gardénia, et en guise de lys blanc cueilleront de la misère.

Des grands équilibres mis en péril par une seule fleur : Joséphine, future Bonaparte, collectionnait les roses et, passant par-dessus l'avis de son Napoléon comme les fugueuses par-dessus les murs, demandait à son fournisseur anglais de contourner le blocus pour la ravitailler.

Un millénariste prêche naturellement la pauvreté – le jardinier adventice, lui, régisseur et non prophète des fins dernières, la provoque.

[herbe-aux-abeilles]

Bien sûr, il faut parfois se méfier des trop belles légendes, les accueillir avec le pincement de lèvres que réservent les vieilles dames aux étrangères ; se méfier de celle confiant à un pétale, un seul pétale, le pouvoir de modifier le destin d'une étoile, ou celle attribuant des ouragans à l'aile d'un papillon. Le jardinier restera malgré tout sensible à l'histoire véritable (corroborée par de grands botanistes) selon laquelle un brin d'herbe est capable de mettre à bas des économies entières : il sait (il l'a appris et s'en souvient comme d'un conte chanté par une tante scrupuleuse) qu'un tout petit bourdon introduit par accident en Nouvelle-Zélande favorise la croissance du trèfle, dont les vaches sont gourmandes en dépit de leur inertie, au point que la viande obtenue à si peu de frais provoque la chute des cours, et l'effondrement momentané des marchés d'Europe.

Peu doué pour la finance, ne connaissant de la bourse que ses cris désormais révolus ou les suicides des spéculateurs ruinés sur un lancer de dé, le jardinier se gardera d'intervenir directement dans la bonne marche boursière : il laissera à son écosystème le soin de redistribuer, avant le Jour du Jugement, les bonnes et les mauvaises fortunes.

[passerage des décombres]

Mes cultures bien campées, bien en place, occupent le terrain, parfois ostensiblement sous la forme de parcs à la Française, de jardins anglais, de labyrinthes de buis, sous la forme aussi de roseraies, de Bagatelle ou de potagers se donnant des airs patelins de jardins ouvriers – parfois dissimulées sous la forme de racines profondes, de lierre rampant, d'algues diluées dans l'eau tiède et riche des réseaux (iodes, minéraux, sel marin : certaines espèces trouvent à l'embouchure des eaux usées, moyennant quelques aménagements, un biotope aussi propice qu'un bord de mer, ressac compris), de rhizomes invisibles ou de graines apparemment fragiles mais d'autant plus tenaces que leur dormance est longue. Rustiques ou semi-rustiques, mes plantations supportent sans mon aide l'azote, le carbone et les migrations pendulaires, elles supportent l'absence de bons soins et s'épanouissent désormais malgré moi : s'il m'arrive, après minuit, de jouer les arpenteurs en

passant d'un quartier à l'autre, ce n'est pas dans le but de
retailler un rosier, ou soigner ses stolons, ce n'est pas pour
chasser les limaces ou compter fébrilement les pucerons sur
l'envers des feuilles comme les points noirs d'une coccinelle,
ce n'est pas pour arroser un saule tortueux qui profite de l'humidité et s'abrite du vent adossé à une paroisse, ce n'est pas
pour vérifier à la lumière d'un lampadaire si mes tomates
sauvages, nées sur une bande d'arrêt d'urgence, souffrent du
cul-noir ou du mildiou ; je sors désormais les mains vides et
les poches légères ; du costume de l'horticulteur je ne conserve
que les bottes et, plus rarement, une paire de gants ; je passe
en revue mes cultures, mais d'un simple coup d'œil, en promeneur, étranger si possible aux dégâts qu'elles provoquent,
rhododendron contre macadam, étranger à la prospérité des
hortensias ou à l'ombre menaçante d'un sapin.

[bruyère vagabonde]
Je me promène en traînant les pieds, mesure sans échelle
d'arpenteur mais à l'aide d'un roseau l'étendue des campagnes ; j'avance en flâneur, demi-flâneur, au milieu des
fougères qui empiètent sur les devantures, je les observe en
faisant mine d'être le premier surpris, en tout cas l'innocent
spectateur de générations ou de germinations spontanées ; je
marche en faisant tout pour que mon parcours précis de colo-
nel en revue passe pour le plus simple des hasards, comme si
le bon vent seul me conduisait au pied de mes arbres ; je
marche comme il y a peu je faisais le tour du quartier après
avoir écouté sans l'entendre l'oracle avorté de mon voisin, qui
mâchait la moitié de ses mots. En ville, puis autour, petites

ceintures, rocades et voies sur berge, j'estime l'envergure des frondaisons, la hauteur de mon blé – j'aimerais ensuite rentrer chez moi avec le sentiment du devoir accompli, j'aimerais mêler un rien de culpabilité à l'orgueil et m'endormir une fois pour toutes en ne me supposant plus de réveils possibles ni de lendemains envisageables. Faute de travail accompli, je me recouche avec le sentiment de l'œuvre en cours : si elle n'atteint pas son but, ou pas encore, ma campagne progresse, la forêt marche, l'herbe pousse, mais si lentement, avec un tel souci de pondération, de mesure, de discrétion et de paresse (la dormance, bien sûr, mais aussi la photosynthèse qui est pour le végétal une façon de se nourrir, au soleil, de la même façon qu'un mammifère lézarde), ce souci du cheminement dont j'ai à mon tour, peut-être à tort, fait l'éloge et que j'ai cultivé avec acharnement. Elle avance, cette apocalypse que je me promets depuis l'acquisition de mon premier plantoir, elle avance, mais si lentement que je m'attends parfois à assister à ma propre disparition avant la fin même de toute chose.

[arbre de la sagesse]

Je passe en revue, toujours fidèles, toujours gaillards, mes arbres aux troncs déliquescents.

[arbre pagode]

L'œuvre gravé d'Hubert Robert feuilleté nonchalamment, avec envie : pour un jardinier millénariste, rien de plus admirable que ces abbayes sans toit, ni flèches à plus forte raison ; églises faites de quatre murs, livrées aux vents, tout juste debout (au nom d'une magnanimité divine qui alors n'explique pas les décombres alentour), et de quelques colonnes, d'arcs-boutants devenus inutiles, agrippés au vide – envahies bien entendu de vivaces, d'arbres, de fougères et de chats-huants (la flore décadentiste admet quelques bêtes – de même les prêcheurs de pénitence ont pour meilleur public des foules anonymes de laïcs et d'athées). Casuiste, le jardinier se livre à la démonstration selon laquelle une cathédrale branlante, au toit crevé, ne peut jouir d'une plus franche ouverture sur le ciel ni, par sa porte couchée et ses vitraux depuis longtemps voués à l'oubli, offrir aux gueux des environs de plus humbles et très chrétiennes preuves d'hospitalité ; ses hautes voûtes une fois effondrées, finalement à la belle étoile, seraient l'exploit des bâtisseurs au service de la charité, ou de l'idée qu'ils s'en faisaient.

[saxifrage embrouillée]

Le jardinier n'est pas peu fier d'un paradoxe : après coup (c'est-à-dire d'ici quelques années, quand aura eu lieu cette fin qu'il fomente si lentement, quand seront écoulés ces derniers jours qu'il anticipe – tout, alors, lui servira de postérité : pyramides debout, pyramides écroulées), il sera impossible de distinguer une ruine d'une ruine, impossible de savoir si le lierre prenant racine au cœur d'un pavillon tombé en morceaux, si la renoncule fleurissant au flanc d'un temple qui s'effondre sur lui-même, profitent des ruines ou les provoquent. Est-ce que ces lianes ou ces œillets recouvrant cette apothéose d'écroulement sont la cause des chutes et de tous les déclins, ou seulement des parasites tard venus, parasites de la pierre ou fleurs décoratives fatalement associées aux décombres ? Postérité, postérité : l'intention seule compte, et le jardinier espère signer *a posteriori* l'invasion de toutes les plantes rudérales ; il souhaite qu'on le considère comme l'humble fomenteur des ruines écroulées malgré lui, maître des herbes folles qui l'ignorent, des racines pour qui il n'est rien – provoquer seul l'apocalypse a de quoi rendre immodeste : j'ai pris l'habitude de considérer toutes les pannes et le moindre affaissement comme faisant partie intégrante de mon plan, sinon tirant leurs formes de mon style. (Admettons : des opéras s'enfoncent dans la terre meuble ; des tours penchent ou prennent maladroitement appui sur des failles ; des lézardes zèbrent des palais respectables ; lèpre, pelure de plâtre et salpêtre minent les meilleurs édifices ; des plafonds se détachent, par écailles, mesurant le temps par l'usure – je crois aussi lire mon empreinte, une marque distinctive, dans des centrales thermiques aliénées par de superbes nymphéas qui depuis peu trouvent à proximité de cette chaleur, de ces effluents, un paradis à leurs convenances.)

[ruine-de-Rome]

Par scrupule : je sème ma graine dans des chantiers de démolitions fermés au public, dans des excavations abandonnées à ciel ouvert et même sur des sites de fouilles fréquentés par des paléo-anthropologues prêts à lire l'avenir dans un fragment d'os ; je m'arrange pour faire pousser mon propre pâturin sur les désastres attribuables à d'autres, des inconnus qui me sont chers – ou à l'usure dont seul le temps, s'il le peut, est responsable. Si le voyage au long cours et les avions charters faisaient partie de mes habitudes (en plus de la salade d'oseille, du plaid et du fauteuil), je me sentirais la force

d'aller replanter mes ronces et un bouquet de cymbalaires sur
le terrain des bombardements, des attentats ; j'irais visiter ces
villes qui ne tiennent plus debout hormis quelques façades
livrées à la dernière spéculation, des ruines d'où n'émergent
qu'une poignée de mats de cocagne, en équilibre instable, sur
le point de tomber du côté de ceux qui s'y frottent ; j'irai
cultiver mes roses et mes laitues sur des champs de bataille,
histoire de déguiser les guerres en querelle de lierre contre
pierre, en apocalypse végétale.

Le jardinier adventice, qu'il soit débutant ou émérite,
cultive même là où il n'a jamais mis les pieds : les pousses
sauvages, les germinations spontanées, les graines soufflées
par le vent, les rejetons nés par hasard, deviennent, par la
magie de son autorité, son œuvre propre.

[bois doux]

C'est maintenant devenu une habitude, et tout calcul n'y
prend qu'une part discrète : le plus près possible des murs
(qu'ils abîmeront), je dresse des figuiers domestiques (je sais
que leur croissance est rapide : je serai encore vivant pour
assister à leurs sabotages) ; dans des champs de ruines, le plus
près possible de frontons écroulés, de fûts cannelés déjà livrés
au liseron, je fais pousser des figuiers sauvages (je sais qu'ils
adorent les vieilles pierres, et prospèrent à l'abri de vieux
temples tombés dans l'oubli).

[mousse des lutins]

La dormance est ma stratégie, un mouvement de troupe
inaperçu (perçu de nulle part, de personne) : quand rien n'a
lieu, j'en suis le maître, l'instigateur, quand rien ne se passe, le

mérite me revient, les conséquences me sont attribuées. Ne rien perdre pour attendre, ne pas en penser moins : telles sont les deux principales occupations du jardinier adventice, pour qui la patience n'est rien d'autre qu'une herbe (et l'autre nom de la paresse).

La venue est mon résultat, ma victoire : quand rien n'arrive, je deviens chef de file, chef de bal ; quand quelque chose advient, je joue les innocents, je fais mine de regarder ailleurs.

[herbe-à-la-paralysie]

De toutes les fins qu'envisage un jardinier, il y a celle qui consiste à ranger ses outils, les offrir au plus démuni faute de pouvoir les recycler aux Puces, ou les jeter à la rivière à la façon d'un Prospéro s'apercevant que son plantoir a définitivement perdu ses pouvoirs, sa sensibilité, et ne tient plus dans sa main que par la force de l'habitude ; celle qui consiste à se fondre dans le décor, et prendre un rhododendron, un palétuvier, un bougainvillier pour rideau, et pour camouflage, s'y planquer une fois pour toutes comme Ève derrière une branche de figuier, mais en transformant la dissimulation pudibonde en érémitisme ; il y a celle qui consiste à procéder à une greffe impossible, à s'entamer l'avant-bras comme les enfants le font d'un doigt pour imiter des pactes indiens scellés sang contre sang, et se lier à l'aide de raphia à la branche d'un arbre choisi pour son calme, élu aussi pour la douceur de son écorce, la rondeur de ses feuilles et, pourquoi pas, la qualité de ses fruits (un arbre creux lui servirait d'ultime placard, à moins qu'il ne termine sa vie parmi des myrtes épineux tout comme certains aspirent à se faire entretenir par

une douairière confondant vrais bijoux et fibules rouillées ;
il peut vivre ses derniers jours aux crochets d'une grande
ciguë ou d'une ortie volubile, une glycine orientale, devenant
de fait le commensal d'une grande consoude : il trouverait
dans ses bras un refuge semblable à celui que certains poissons trouvent au cœur des anémones ou, immunisés contre
leurs brûlures, derrière un rideau de méduses dangereux pour
tous les autres) ; il y a celle qui consiste à mourir, et refuser le
caveau, la tombe et le cercueil plus souvent de carbone que
de bois brut, se faire enterrer au ras du sol (une tombe de
fortune, improvisée par des paresseux qui ne creusent pas
suffisamment) et se désagréger ensuite avec la résignation
d'un morceau de sucre dans l'eau chaude, pour enfin offrir la
poussière de soi en pâture aux orties, une façon de se recycler
en herbe, en pissenlit, en gazon clairsemé.

[herbe-à-la-veuve]
Au cimetière Saint-Vincent : du muguet sur sa tombe, des
tournesols, un schefflera – plus tard un bananier dont les
fruits (*consolateurs de la veuve et de la divorcée*; ainsi que le
chante l'un des poèmes des Nuits arabes) s'annoncent comme
une insulte aux processions silencieuses ; fleurs et fruits considérés comme des gestes obscènes ou des farces extravagantes
mêlées à de la religiosité taillée dans une pierre grise – une
piété à peine visible sous les branches d'un saule pleureur,
sous celles d'un abricotier : bananes et grenades côtoient ici
les épitaphes à la façon des nains paillards et des Ankous
défroqués escortant sur les bas-reliefs des Christ roi ou des
Jugements derniers.

Des bleuets, des jonquilles : passe encore (quoiqu'il semble exister une imperceptible hiérarchie entre les essences dévolues à la mort et celles réservées pour les noces) ; les fossoyeurs savent aussi fermer les yeux sur les feuilles de thé vert ou les plants de caféier, sans doute par ignorance des choses de la nature ; ils admettent l'herbe de la pampa dont les plumeaux longs sur patte feraient passer la fosse commune pour le boudoir d'un décadent ; ils tolèrent plus difficilement les mangues et les fruits de la passion, les pamplemousses excessivement roses (si rose et excès sont compatibles), les kiwis, les goyaves et les papayes dont la dame-d'onze-heures s'est entichée, et dont elle fait une culture intensive, à l'abri des grands vents – elle agrémente son verger improvisé de poires comices, abricots, dattes qu'elle fait sécher ensuite sur le parvis du crématorium, là où le soleil se montre le plus ardent, et l'air le plus sec. Les gardiens du cimetière, pourtant pas les derniers à tirer leurs quatre heures d'une poche, en plein office, ou à mêler dans leurs vestiaires crêpe de deuil et gourdes pleines, finiront sans doute par renvoyer la dame-d'onze-heures, elle et ses régimes de banane, elle et l'amazonie fruitière qu'elle a réussie à acclimater entre les morts.

[pantoufle]

Je me suis longtemps voué à l'oisiveté sans savoir quelle hautaine justification apporter à mes grasses matinées – jusqu'à ce que les Proverbes (24. 31) me rappellent que dans le jardin du paresseux, les épines croissent en tous sens, les ronces couvrent la face et les murs de pierres s'écroulent.

Pour un homme de mon espèce, il est délicat de concilier

pantouflardise et sédition, foi casanière et propagation de l'enfer vert – plus encore, il m'a été longtemps difficile, presque insurmontable, de concilier mon devoir d'anticipation (anticiper la Fin des Temps, faire venir l'apocalypse avant terme, reconstituer, seul, les conditions de son avènement) et mon penchant naturel à la procrastination (elle est pour moi la prudence de l'algébriste, qui recompte ses calculs jusqu'à ce que la lassitude, seule, fasse preuve) : je reporte au lendemain les corvées indignes d'aujourd'hui, je les réserve à celui que je serai demain ; un autre, pas tout à fait moi-même, désigné à pile ou face ou plutôt par une fatalité obtuse.

Heureusement les plantes s'adaptent presque idéalement à ma lenteur ; en retour j'adapte le rythme de mes campagnes au métabolisme des plus indolentes espèces : à mon intention, semble-t-il, le règne végétal a inventé cette dormance sans cesse évoquée, qui marie oisiveté et ténacité – projets à très long terme et immobilisme de retraité.

[renoncule rampante]

Moi, jardinier adventice, qui ai la paresse pour meilleure qualité et une patience de momie, moi dont le silence est le plus sûr symptôme de la colère et le signe annonciateur, sans équivoque, d'une réplique à venir ou d'une révolte en cours, moi qui confonds nouveauté et fossiles, qui suis d'un naturel pointilleux parce que sempiternellement à la traîne de tout, qui réfléchis avant d'agir et parfois même avant de penser, qui trouve aux arbres centenaires une nature impétueuse – je compte sur la lenteur, sur l'obstination, pour faire tomber la ville ou la recouvrir d'une végétation baroque annonçant l'apocalypse, je compte sur la durée, sur la routine indispensable aux stratégies, aux grands complots (s'ils sont universels et reposent sur de petites habitudes, des gestes répétitifs, des êtres fidèles et routiniers, à la longue insistants), ces complots auxquels ressemble mon messianisme : je me fie à cette façon d'agir minuscule, d'un jour à un autre jour, et disperse mes fleurs comme autant de signes ou de charges, à la semaine la semaine – quitte à me trahir puisque la mesure ressemble à l'abandon. Peu importe le temps que cela prendra.

[**fausse guimauve**]

La fin dernière, anticipée mais sans cesse reportée au lendemain, sera remplacée par ce jardinage entretenu avec amour et vice, que des pèlerins peu au fait prendront pour une ébauche de paradis ou un passe-temps dominical. L'apocalypse végétale (en cours, sempiternellement en cours) provoquera l'endurance de ceux qui en attendent l'épilogue, au point qu'il sera difficile de savoir si l'essentiel de ses effets consiste en cette accumulation de ruines et de décombres, ou en l'immobilité, l'expectative, le silence de ceux qui en sont les témoins.

[**pomme poison**]

J'envie la patience des herboristes (naturalistes à pied d'œuvre ou bien collectionneurs dans des herbiers), j'envie encore davantage celle des assassins qui, pour cuisiner leurs poisons, doivent attendre que l'herbe pousse.

Les empoisonneurs cultivent leurs jardins, au même titre que le sage, fidèles aux vertus des plantes : tant que l'herbe pousse, trop jeune pour être utile, faire de l'usage, l'empoisonneur est toujours un jardinier, pas encore un assassin ; une longue préméditation, reportée au lendemain, puis au lendemain, sans cesse, fait de soi un innocent.

[herbe-aux-militaires]

L'horticulteur millénariste a le temps devant lui, le siècle comme délai, le millénaire pour mesure ; par orgueil ou plutôt par modestie, il compte sur le nombre des années, il sait que les faibles forces agissent avec lenteur et demandent en retour la patience des puissants, il sait que les parias, les minuscules, les petites gens et les créatures arboricoles ou végétatives parviennent à leurs fins pour peu qu'ils prennent le soin d'attendre. Posé, paresseux, presque immobile, l'horticulteur millénariste s'accorde à la lenteur de ses plantes en pot, à leur stoïcisme supposé par anthropomorphisme, aux secrets que suggère leur mutisme et aux mystères que suppose leur inertie, tout comme un stylite au bord de la paralysie ou un penseur soufi aussi sec et durable qu'une écorce d'olivier paraissent dissimuler des énigmes fondamentales, une capacité d'agir par-dessous, et sans que ne se manifeste la plus petite impatience. Horticulteur passif, faussement ou sincèrement passif, laissant le plus souvent (la nuit) les événements s'accorder d'eux-mêmes et agir selon leurs lois (taille, bouture, greffes, sont la plupart du temps de simples suggestions, un geste qui sollicite), pas sorcier pour deux sous en dehors de la fréquentation des champignons, le jardinier sait qu'avec beaucoup de temps, et s'il le faut l'appoint d'engrais, tout peut arriver, y compris, du jour au lendemain ou aux jours qui suivront, la marche hiératique et lente de la forêt de Birnam, par-delà Dunsinam, en direction de l'auto-crate.

Et pour que cela arrive, pour que cela se passe de la façon la plus simple possible (la plus naturelle : très rarement le jardinier fait preuve d'élans écologistes, que tempère une mystique héritée de saint Jean), il n'aura pas recours aux armées camouflées, aux fantassins hérissés de branchages : sa forêt avance effectivement, à peu près à la même vitesse et de la même façon qu'avancent en Afrique les déserts de sable.

[carex toujours vert]

Les jours de désespoir, quand les haricots ne germent pas, quand les salades ne montent pas, quand un jaune de paille vient aux coquelicots, quand les épineux à leurs tours deviennent caducs (ce qui, pour tout dire, pourrait me servir de bonne nouvelle, les jours d'optimisme : des sapins sans aiguilles sont un prodige annonciateur de fin des siècles tout aussi parlant qu'une pluie de grenouilles ou un feu de lac) ; quand les fleurs fanent et empestent – alors, pour me consoler, je rêve à ces forêts sempervirentes, je m'efforce de vouer un culte triste à l'*evergreen* plutôt qu'au *nevermore*. (Le reste du temps, en dépit de mon cafard, je conserve l'espoir : j'ai le millénarisme confiant.)

Un culte à l'*evergreen* : des prières ? plutôt un sacrifice : une mouche livrée en holocauste à Adonis, versée dans le calice d'une plante carnivore.

[ébénier d'Orient]

Le contraire d'Attila, si tant est qu'Attila puisse avoir un contraire : je n'en suis pas la négation (comme pour consti-

228

tuer un diptyque représentant le bien à gauche, le mal à droite, avec au centre un maigre Boniface incarnant l'entre-deux), je ne suis pas la pure antithèse de ce grand chevaucheur en raison de mon absence de moustaches, de mon bonnet de laine qui serait l'exact inverse des nattes barbares, à cause de ma bicyclette qui, montée comme un grand bi, ferait figure d'anti-alezan, de négation lente de la cavalcade, ni non plus à cause de ma cruauté, devenue douceurs plutôt, ou bouquets de violettes représentant à peu près tout ce que l'invasion barbare n'est pas (hors de question, pour le jardinier, de s'aliéner d'aussi nobles références : les grandes invasions, celles des Vandales ou celles, encore en projets, du peuple Gog de Magog, sont, sinon de parfaits modèles, pour le moins des tentatives attendrissantes, des apocalypses tuées dans l'œuf, ébauchées maladroitement). Le contraire d'Attila – (même si je souhaite passer pour le fléau de Dieu : en commun, nous avons peut-être ce penchant pour l'approche de côté, de flanc, les manœuvres à l'oblique qui déroutaient tant les stratégies classiques) – son contraire : parce qu'en plus de faire pousser l'herbe sur son passage, j'étends mon empire d'indulgences en indulgences (et non de crimes en crimes), par mansuétudes successives ; j'épargne pour mieux mettre sous ma coupe (ma botte ? chaussons ou croquenots) et feins de régner sur des rescapés plutôt que sur des morts. Rien d'une hécatombe : le jardinier ressuscite plus qu'il ne décime et ses razzias ressemblent à des amnisties.

(Pas de sensiblerie : les Huns et plus tard ceux du Khan n'hésitaient pas, en cas de disette, à manger le meilleur de leur cavalerie ; moi-même il m'arrive de sacrifier une part de mes campagnes, ma dîme personnelle, pour étoffer un repas sans viande.)

[herbe-aux-couronnes]

Concessions : les parcelles passent de main en main – parfois une fougère, parfois de la bruyère ; scrupuleusement j'enregistre toute modification – de quoi aussi me permettre plus tard de reconstituer l'histoire de mon apocalypse (malgré sa facture de chronique sur le champ, elle fera honneur aux partisans du *temps long*). Pour mettre à jour mes cadastres, avec toujours l'imparable sérieux du gratte-papier, je tiens compte aussi de cette tombe, cette concession temporaire qui, à Saint-Vincent, s'étale à la façon d'une tumeur maligne.

[pied-de-lit]

La tombe n'est plus une tombe, le deuil ne s'y voit plus, n'y prend part qu'à moitié, la sobriété obligée du recueillement disparaît sous des frondaisons de pleureurs retombant jusqu'aux pieds, sous des guirlandes de *columneas gloriosas* suspendus à un saint Pierre ; l'immobilité du deuil et de la veillée funèbre est interrompue par tous les soins qu'exige un jardin d'hiver. La dame-d'onze-heures y fait croître des ananas et des rideaux entiers de palétuviers, évite les remontrances des gardiens (ils n'ont connu jusqu'à présent que la plante en pot, des pensées fanées d'une Toussaint l'autre et, à part quelques litiges d'arrosoir disputé par deux familles, n'ont jamais eu affaire qu'à de vagues polissonneries d'adolescents venus profaner des tombes en chantant sur la pierre des refrains de boy-scouts), évite le regard des habitués, prétend

ne fréquenter Saint-Vincent que pour y cultiver son jardin, et
mener son potager à terme – cependant passe ses après-midi
auprès d'un défunt tout comme d'autres pieuses âmes s'épuisent en *Pater Noster* et ne prient jamais qu'au bénéfice des
autres.

Je la suis parfois jusqu'aux portes du cimetière, pour mesurer comme j'aime le faire l'étendue de son propre jardin ; mais
de plus en plus souvent la paresse me cloue au lit, ou le devoir
m'appelle ailleurs, et je renonce à la rejoindre ; l'idée d'avoir
à me poster derrière un caveau d'inconnus pour assister à ses
manigances m'épuise par anticipation. J'en viens à regretter
son absence et, même si je la sais œuvrer pour la bonne cause
(elle augmente ma campagne en cultivant son potager), je
soupçonne qu'une telle assiduité s'explique par des motifs
moins honorables, je soupçonne ma dame de faire de son
agriculture improvisée l'alibi d'une honteuse, inavouée, obé-
dience posthume à son tanneur de frère.

[**ail à trois angles**]
À chaque angle du paradis (le jardin d'Éden serait donc
anguleux : c'est presque décevant – à moins que l'angle ne
signifie recoin, retraite, alcôve, ou propose des paradoxes
géométriques dignes de la quadrature du cercle), il y a quatre-
vingt millions d'arbres et seulement soixante millions d'anges.

[**noble épine**]
Les tourmenteurs du Christ (juifs zélotes, pharisiens, sym-
pathisants, farceurs plus ou moins athées, mystiques cruels et
orgiaques, expatriés romains venus participer aux coutumes
locales, et l'ensemble des casernes cantonnées au bord du

désert – des mercenaires supposés représenter les raffinements de Rome) ont tiré leur couronne d'épines (faisant office de faux nez : l'Église ne s'est pas bâtie sur une pierre, mais sur une parodie de couronnement digne d'une fête des fous) du jujubier de Palestine – dont l'appellation savante, *ziziphus spina*, pourrait être le véritable nom d'un Judas de péplum, à demi hébreux à demi romain, traître siégeant aux assemblées, brebis galeuse du Sanhédrin noyant sa mauvaise foi ou son esprit de vengeance sous des élucubrations imagées, poétiques, convaincantes, dignes des futurs cabalistes.

À cause de cet épisode, à cause de cette précision, longtemps j'ai pensé (me croyant malin) que le fruit d'Ève était le jujube.

[lis de l'annonciation]
Parcourir le Pentateuque à l'envers me permet d'apprécier les distances, et, comme un miroir révélateur, de trahir des intrigues ignorées de moi seul. Lu dans son sens canonique, le Pentateuque met la chute à l'origine de tout, et la pomme avalée à peine à quelques pas du véritable commencement – sept jours ou peu s'en faut, pas de quoi entamer un prélude. Retourner le livre renverse ces perspectives et amène à considérer l'avalement comme une issue, un dernier acte intervenant après des nuits de lectures et de litanies, parfois de jérémiades. Aboutissement attendu (qui lambine par conséquent) ou imprévu (donc malhonnête) : quoi qu'il en soit longuement préparé, fomenté depuis un véritable commencement qui serait la révélation de Jean à Patmos : la Bible tout entière, nouveau testament compris, faisant office d'intermi-

nable préliminaire, de prélude et d'introduction, une marche toujours plus éprouvante ou prometteuse vers un dénouement serré, tenant dans une seule main – toutes les gloses ultérieures, les commentaires et les centons, les sommes théologiques et les catéchismes venant se greffer ensuite pour rajouter à nouveau, dans cette perspective inversée, un prologue à tous les prologues, retardant d'autant l'heure de la pomme, comme si ces minauderies, ces détours, sous forme de gnose, d'angiologie, de soteriologie, d'exégèse, ces mille façons de tourner autour du pot à l'aide de fleur de rhétorique, rendaient plus exacte, en la retardant, la conclusion.

[nèfles]
Remonter le cours des Écritures signifie passer de la Babylone détruite, effondrée, se rétablissant peu à peu, pierre sur pierre – au jardin : celui d'un paradis à moitié parc public, aux essences identifiables, à moitié néant paisible, dépourvu de haine comme de curiosité, mais où le végétal sert autant de menace que de refuge. Lire les Écritures en remontant leur cours signifie, pour finir, retourner dans ce paradis à la façon du fils prodigue, être accueilli par un pardon qui est l'envers d'une colère mais n'ouvre pas grand ses bras pour autant, être accueilli par un serpent qui ravale ses conseils et fait office de concierge, inaugurer sa nouvelle villégiature par un strip-tease définitif renonçant une fois pour toute à la culotte de feuille de figuier, et terminer tout nu parmi les jujubiers – enfin pénétrer plus profondément dans l'Éden, renoncer au travail comme à la mort et recracher le fruit pour connaître un semblant de paix (le reste, fait de régressions successives,

n'est que l'effacement de chaque être redevenu anonyme, puis simple vue de l'esprit, fleurs refermées une à une, extinction successive de tous les feux, indistinction progressive des eaux et des terres, puis du jour et de la nuit, puis du ciel et du sol – puis confusion des durées au point que le temps n'a plus cours, ni la réalité même, confondue avec qui la suscite, qui la considère, qui la rêve, qui en a la très vague prescience).

[arbre à patates]

Plusieurs essais successifs : relisant maladroitement ce Pentateuque dont on tire tant de leçons (et leurs leçons contraires), je m'essaie à quelques combinaisons – je laisse de côté les aventures de Lot, que j'abandonne aux pervers, aux échangistes ou aux voyeurs ; j'abandonne les statues de sel aux géologues ou aux anatomistes ; je laisse Sodome aux scénaristes de Hollywood et à la pyrotechnie d'*Autant en emporte le vent* ; je néglige aussi la vigne de Noé ; je laisse Moïse aux nostalgiques, Abraham aux chefs de guerre, Job aux jansénistes ; j'oublie le sommeil de Booz et le ricin de Jonas ; je conserve en revanche l'homme et la femme du tout début, l'arbre qui leur sert d'accessoire et le reptile de partenaire ; je conserve le décor tropical maladroitement imité du Douanier Rousseau, l'absence faussement distraite de Dieu, et la géographie incertaine : je conserve tout, dans le corps du texte, hormis un seul mot, un seul nom, que je remplace tour à tour par plusieurs de ses avatars, autant de synonymes ou de substituts, comme si j'avais affaire à une traduction frauduleuse et qu'il me fallait trouver, sur le champ, l'appellation exacte.

On sait que le fruit du paradis n'est pas une pomme, et

qu'il n'est pas un chou. Pastèques, ananas, pamplemousses s'avèrent trop gros – trop petits la cerise, la groseille, le cassis ou la cacahuète – trop aigre la nèfle, qui se mange blette – mal venue la datte, réservée à un autre Prophète.

[benoîte urbaine]

Trop tard, toujours trop tard : on se rend compte toujours trop tard d'évidences qui, depuis belle lurette, ont crevé les yeux de nos plus proches voisins ; j'ai compris trop tard la leçon selon laquelle la meilleure façon de déstabiliser une ville, la meilleure façon de la démonter pierre à pierre tout comme on ramènerait la pyramide au tas de sable d'où elle provient – la meilleure façon de l'émietter sans émeute, sans fronde, sans cailloux, sans pétards, sans feu, sans artifice et peut-être sans chiendent – la meilleure façon de la faire sombrer ou de l'ébranler suffisamment pour que, sens dessus dessous, elle dévoile ses vraies fondations, est de mettre sur pied une utopie passant pour projet d'urbanisme. Matérielle, pas juridique, bâtie de parpaings en parpaings plutôt que d'articles en articles, l'utopie iconoclaste prendrait place au cœur d'une ville déjà existante, et s'y développerait par méta-stases, ferait tomber les murs à mesure qu'elle monterait les siens, délogerait les réverbères en dressant ses statues (et si elle se montre incapable d'ébranler des murs aussi efficacement que le font actuellement mes racines traçantes, elle se conten-terait de détourner les lieux de leurs fonctions d'origine : quoi qu'il en soit de l'utopie et de l'écriture derrière laquelle elle se cache, quoi qu'il en soit des hommes qui la prévoient ou la cimentent, elle aura toujours tendance à remplacer les

tanneries par des temples, les lavoirs par des agoras, les vespa-
siennes par des perspectives, les épiceries par des espaces de
convivialité, les décharges par des belvédères, les puisards par
des fontaines, les bistrots par des forums, les chambres de
bonnes par des musées). Pas de sédition, alors, ni d'apocalypse, ni de colère de Dieu : pour faire tomber la ville et saper
son architecture rien ne vaut une apocalypse urbaine, indis-
tincte de la ville : rien ni personne ne pourrait différencier le
monde de ce qui le gâche, ou provoque la chute.

[**boule, pompon rose**]

Le fruit de la connaissance : j'ai sérieusement envisagé le
coing, j'ai cru bon faire dériver le nom du coing, et surtout
celui de cognassier, d'une racine latine (elle aurait mérité
d'être grecque), d'où découlent par ailleurs les mots *cognitif*
et *connaissance* : une telle fatalité étymologique était pour
moi une révélation, le signe d'une présence réelle, celle de la
connaissance dans le coing comme le noyau dans l'avocat,
signalée par une orthographe à défaut de goût. Pour moi,
découvrir que *coing* et *connaître* tombent du même arbre et
dévoilent les mêmes secrets était une autre façon de croquer
le fruit comme si, dans l'histoire de l'homme, l'histoire de son
errance, le fruit devait être mordu deux fois, Adam d'abord,
moi enfin – hélas, les dictionnaires, mécréants pour la plupart,
font dériver le coing, après diverses errances boueuses, péque-
naudes, d'une tout autre racine et me rappellent, presque avec
reproche, ou en signe de menace, pour plonger mes spéculations dans le ridicule, que longtemps le coing s'est appelé
cognasse.

Ou le piment de la Jamaïque : mais une baie démesurée, atteinte de gigantisme, de la taille d'un abricot, aussi noir que celui-là est jaune, une sorte de pêche diabolique, passée au suif, roulée dans la cendre, teintée au brou, au charbon, en souvenir d'Arlequin couvert de suie pour s'être approché trop près des enfers. Ou un piment oiseau : puisque celui qui en croque s'en couvre les doigts, s'en frotte les yeux, s'irrite la peau, s'échauffe les sens, en apprend plus en un quart d'heure d'horloge qu'en quarante jours de désert.

(Les dimanches de pluie ou les nuits de gel, seul chez moi à m'occuper de la serre aménagée dans ma salle de bains et maintenue à renforts d'eau chaude (je ne me lave plus que sur la pierre d'évier), ou à nourrir mes griffes-du-diable, mes tasses-à-singes, mes pièges-de-Vénus à l'aide de grillons du foyer récupérés au fond des caves ; quand il ne me reste plus rien à faire sinon attendre le cours des cycles naturels, j'occupe mon temps libre en diverses recherches ; j'y mets une énergie et une rigueur de philologue sans humour ; je néglige l'avis des symbolistes ou des poètes selon qui un tel fruit doit être une abstraction à jamais retirée de nos corbeilles, l'absent de toutes compotes, je m'efforce au contraire de confronter le Pentateuque et ses belles fables, aux faits réels – j'ai besoin, pour approuver l'ésotérique et la transcendance, de les aborder à travers des questions aussi prosaïques que celles portant sur la taille de l'arche, la nature de la croix et le poids véritable de sa barre transversale, la souplesse du jujubier et le nombre de bijoux fondus par les Hébreux pour forger le veau d'or.)

[berce minime]

En tant que jardinier : mon travail désormais consiste à rester en retrait, semblable à ceux qui se tiennent sur leurs gardes, à ceux qui reculent pour évaluer une ébauche ; il consiste à voir jour après jour une vigne vierge atteindre le premier étage, puis le troisième, puis le dernier. L'ouvrage de tout jardinier adventice, une fois sa campagne menée presque à son terme (il lâche ses arrosoirs et jauge le résultat, son menton posé sur le manche de sa pioche, en tirant sur sa chique et crachant pour donner de la consistance à son incertitude), revient à compter les pétales d'une pâquerette, ou mesurer l'envergure de leurs frondaisons en faisant une sieste à l'abri de ses arbres : plus le somme se prolonge, plus l'ombre est généreuse, plus les houppiers s'étendent et plus la victoire est cinglante.

Les nuits que je passais de jardins en jardins, à califourchon sur un mur ou sur une clôture, les nuits passées à replanter des bulbes de tulipe, l'oreille tendue vers les alarmes, sont redevenues calmes : heureusement mon repos à poings fermés est de temps à autre interrompu par le bruit d'une pierre qui se descelle. (Aussi, lubie nouvelle, j'accorde mon attention aux lois de la chute des corps.)

[reprise]

Je regrette de la voir partir tôt le matin et de devoir, pour son retour, attendre la nuit, parfois le dernier car, parfois même un taxi qui semble déposer clandestinement une vieille cantine au pied de l'immeuble.

Pour faire revenir la voisine chez elle (comme on dit à de

meilleures intentions), pour lui éviter l'effort de prendre trois bus chaque jour et de perdre son temps au cours des correspondances, pour la divertir de ce jardinage qui cache mal une indéfectible piété (sous son jardin en plein air se tient la pierre tombale, et sous la pierre le tanneur) : j'essaierai de la convaincre, je lui rappellerai que ses cultures imitées de mes propres bricolages exigent du temps, de l'attention et surtout de la prudence : des soins que seule l'omniprésence peut rendre possible ; je lui ferai comprendre qu'entretenir un fusain ou un lotus dans des allées ouvertes aux quatre vents, piétinées par les condoléances des autres, arpentées par des fossoyeurs qui se soucient d'une mercuriale comme d'une guigne, revient à exposer ses cultures à tous les dangers, livrer ses jeunes pousses à l'appétit des chiens ou la convoitise des jaloux – car le vol, il me semble, fait partie de mœurs, au sein des cimetières – ; je lui ferai comprendre qu'une jardinière digne de ce titre se doit de se tenir au plus près de ses cultures, prête à rentrer le laurier rose dès que le vent tourne ou que la nuit gèle, prête à couvrir de paille un oranger, prête à mener une guerre constante contre les escargots, ou passer des heures nocturnes à chercher les cochenilles sous les feuilles des mûriers, prête à tailler le gui quand la lune est nouvelle ou repiquer l'absinthe quand Vénus apparaît. Il s'agit de guetter à chaque instant le chancre, le miellat, la cloque et le plomb, le pourridié, la galle et le thrips du pois (pour l'édifier, je prononcerais d'une voix plus grave des noms terribles récités au temps des grandes pestes par les moines prêcheurs de pénitence : tordeuse du pois, mildiou de l'oignon, anguillule des tiges, rouille du poireau, galle poudreuse, mosaïque du concombre). Je lui ferai entendre raison et, pour enfoncer mon clou, lui confierai pour finir des cannes fragiles, de la verveine sensible aux courants d'air et des pourpiers qui ne supportent pas la campagne ; je parviendrai à lui faire cultiver des fleurs valétudinaires, des impératrices-allemandes d'apparence increvables mais sujettes à mille contrariétés, de ces plantes qui exigent par-dessus tout une humidification constante, des cloches et des globes, une lumière mesurée semblable à celle réservée aux vieux parchemins, aux incunables. Je prive ma voisine de cette insouciance qui fait la force de mes campagnes.

Une fois convaincue, une fois tiraillée par sa conscience, quand la voisine aura perdu à son tour le sommeil, tourmentée par la coulure et les cochenilles farineuses, les doryphores et les champignons (l'*otiorrhynque du rhododendron* : s'il le faut, j'irai de mon propre chef semer la peste dans ses bouquets, quand bien même de tels sabotages semblent contredire toutes mes campagnes entamées depuis maintenant de longs mois) – la voisine, à bout d'argument, à bout de force, acceptera de ramener chez elle les labiacées et les moracées que la moindre pluie abîme.

Je partagerai, pour sauver ses essences, un pan de mon balcon et tout l'espace disponible dans ma salle de bains, adaptée en serre chaude ; nous ferons, elle et moi, arrosoir commun, nous partagerons la fumure. Captieux, égoïste ou bon samaritain (dans le cas d'un millénariste, il est parfois difficile de trancher), j'éviterai à ma voisine de retourner vers

Saint-Vincent, lui ferai oublier son tanneur de frère, sublimé six pieds sous terre, depuis belle lurette devenu sable et poudre, poussière et compost – puis sève distillée, enfin, pourquoi pas, gazon reverdi ; je lui ferai comprendre que, là-bas, de part et d'autre de la pierre, les arbres qui restent sur place, bananiers fripons ou palétuviers encombrants, figuiers suscitant la colère des duègnes et la curiosité des jeunes filles qui ignorent autant les effets de la mort, le sens de la vie, que la profondeur de certains calices, palmiers, cacoyers, mûriers – coings, pêches, cornouilles – ne risquent pas, eux, de dépérir, nourris qu'ils sont par la lente et pieuse dissolution de celui qui repose sous les soucis, et participe en silence à l'enrichissement des terres.

(Sans craindre de me contredire, j'use d'arguments incompatibles.) Les plantes fragiles, les plantes demi-rustiques, imposent un rapatriement, et la présence constante de la jardinière auprès d'elles – les autres survivent seules et se moquent de la grêle, prouvent par l'exemple, comme d'ailleurs mes propres plantations, la pérennité du règne végétal. Pour orner sa tombe, rendre un peu plus fantaisistes ses condoléances, j'avais confié à la dame-d'onze-heures des cultivars extrêmement résistants : pour fraisiers : *Cambridge Favourite*, *Rhapsody* et *Troubadour*; pour framboisiers : *Malling Promise*, *Malling Joy*; pour pommiers : *Newton's Wonder* – et *Cor Valiant* pour chou de Bruxelles.

[saxifrage en étoile]
Le millénariste doit savoir mener plusieurs offensives de front, profiter des vertus végétales, celles de l'omniprésence et

de l'étalement : faute de se déplacer, l'herbe occupe l'espace, voilà un fait établi : il saura mettre à profit cette ubiquité qui n'est pas un miracle, mais une donnée de la nature. La décapotable *fait* sport, l'omniprésence *fait* sédition.

Si malgré ses efforts, malgré ses stratégies, sa mise en scène, malgré tout l'engrais qu'il déverse comme l'argent des Fugger dans les caisses de Charles Quint, malgré toutes les boutures et les treilles, si malgré tout cela, l'arbre capitule, s'il semble ne rester que cailloux – alors ce sont des lithops, des plantes d'Afrique du Sud, dont la forme trompeuse imite celle des pierres, à s'y méprendre (et qui décorent en général des intérieurs confinés). Ainsi, même vaincus, ses arbres seront vainqueurs.

[**ail musqué**]

Je pensais que l'ail était le fruit du paradis, celui de la connaissance, et qu'en plus de fluidifier le sang, de dilater les vaisseaux, de purger les fonds, une gousse était capable de révéler par son seul goût tous les secrets touchant au bien et au mal, à la mort et à l'audace de la nudité. Croquer une pomme est une manie bien triste, qui ne révèle rien ou si peu à part, tranchée nette, la forme suggestive de son cœur ; la pomme ne propose qu'une peau gênant les incisives, une chair sans effet, le son creux de la morsure – tandis que l'ail, plus digne d'intérêt (puisque tendancieux, minuscule, équivoque, et parce qu'il est impossible de nos jours d'assimiler *caïeu* à *fruit de la tentation*), réserve davantage de surprises. D'ailleurs, la gousse d'ail est née de l'empreinte de l'orteil du diable à sa sortie du Paradis.

Si le fruit d'Ève était une tomate, sous prétexte qu'on l'appelle aussi pomme d'or, étudier la Genèse amènerait le lecteur à confondre le péché, le commencement des temps, avec quelque gastronomie d'Italie, mêlerait la mystique hébraïque, et son remords, aux voluptés saines et vigoureuses (il faudrait dire : roboratives) de la *pasta*, de la pizza, de la sauce bolognaise et de l'huile d'olive ; la chute d'Adam agacerait les exégètes sérieux par son aspect apéritif, l'aspect d'une mise en bouche acidulée, presque ludique, estivale.

Le grain de poivre est trop petit, se coince entre les dents, rétif, hermétique, sans plus de goût que la graine de plomb, ou trop ardent au contraire : si un grain de poivre noir avait été le fruit de la connaissance, la pomme d'Adam se serait réduite à un peu de limaille entre les dents, et le couple édénique donnerait l'impression, sur les toiles, de mordre dans un solitaire pour en vérifier l'authenticité ; la noix suggère que la connaissance côtoie l'hermétisme, et que la forme approximative du cerveau se loge nécessairement dans une coquille vouée au casse-noix ; une datte séchée ou une figue installent le paradis au désert, non loin des palmiers, supposent que l'existence en plein Éden ressemble à un bivouac au milieu du sable, entre deux longues marches ; une noix de coco brandie comme un trophée ou un calice grossier, taillé dans la masse, un ostensoir rustique, confèrent à la Genèse et aux scènes du Paradis Perdu un cachet africain, animiste, une allure de marché exotique à l'issue duquel Adam et Ève seraient les dupes (la noix de coco soulève aussi des problèmes d'ouverture – que seule une violence légitime peut résoudre, une violence faite à la noix qui serait la préfiguration du crime de Caïn, ou celui d'Esaü : une mâchoire d'âne en vient à bout). Il est possible enfin d'envisager une Genèse troquant l'habituelle pomme contre une banane (dont la courbe serait plus ou moins accentuée selon les représentations, les peintres et les époques : l'art roman confère à la banane une droiture de sceptre, une rigueur de larmier, une raideur de doigt-de-Dieu ; les primitifs flamands assimilent sa forme aux reptations du serpent ; le baroque en accuse la courbe comme par ailleurs il abuse des torsades, des plis et des nuées – certains maîtres italiens confèrent à sa peau la texture d'un parchemin, et considèrent ses taches comme une élégante calligraphie ; Michel-Ange donne à la banane une épaisseur de muscle, Fra Angelico la pâleur de la Vierge ; les maniéristes s'inquiètent d'une épluchure vide).

[vieille-fille]

De retour chez elle : tandis que sa tombe, là-bas, est livrée à elle-même (livrée aux saisons, aux cycles, au hasard et à la nécessité), foisonne peut-être, se multiplie, par conséquent fait partie intégrante de mes campagnes, de mes propres cultures qui, bientôt, de proche en proche, rejoindront ce dernier bout de jardin, finiront par s'y confondre et se l'approprier. La dame-d'onze-heures retrouve sa cuisine, sa hotte aspirante, ses batteries de casseroles, une solitude de régente, sa chambre aux rideaux tirés, enfin notre balcon commun (j'ai bien tenté d'y déposer quelques fraisiers sauvages, dans l'espoir qu'elle se serve, s'offre de menues douceurs – le deuil officiel achevé, les gâteries sont redevenues convenables – entamer à nouveau ce troc qui nous a si longtemps tenus).

Détournée de ses compassions : passe en peu de jours, en un rien de temps, de la couronne mortuaire au gardénia bleu piqué dans les cheveux (je suis parvenu à convaincre la voisine que, souvenir pour souvenir, mieux valait troquer la concession perpétuelle, ou les bouquets d'immortelles, contre une simple permanente : boucles et couleur).

Je la vois acheter des sacs de terreau, sur mes conseils, mais en trop grand nombre, de petites bouteilles remplies d'engrais concentré, un pulvérisateur d'eau et une paire de gants épais pour manier les ciseaux. Autonome, compétente, elle est désormais une jardinière accomplie qui, pour se fournir en fruits frais, ou même faire croître un lierre sous une corniche, saurait se passer désormais de mon aide.

Si efficace dans son jardinage – et peut-être fougueuse – si tenace quand il s'agit de conduire jusqu'à son terme la croissance d'un baguenaudier (elle a su développer, au bord des pierres tombales, des techniques d'endurance et d'obstination), que j'envisage de lui céder mes outils, mes semences et mon office. (J'ai prétendu fomenter l'apocalypse, l'accomplir en simple régisseur d'oracles tombés en désuétude ; pour finir, je préfère livrer à une inconnue – sans aucun doute plus habile jardinière, et qui saura en faire meilleur usage – une sorte de paradis minuscule, et chiche, un paradis en godets fait d'un bout à bout de mauvaise herbe, de rejetons, de scorsonères, le tout lié par un lichen variant du jaune au bleu.)

[rutabaga jaune rond à grand collet vert]
Le jardinier adventice (il voudrait connaître la nature exacte du fruit pour ce mélange de connaissance et de honte qu'il recèle, comme si l'affranchissement et l'humiliation étaient solidaires, comme si, pauvre exégèse, une naïveté enfin perdue, comme une virginité étouffante, devait se payer de mort et de sueur de sang) – le jardinier consulte à son sujet les livres : l'Apocalypse de Baruch grecque, l'Apocalypse d'Abraham, le livre d'Hénoch, selon qui l'arbre de la connaissance se tient droit comme un sapin, porte des feuilles de caroubier et des fruits évoquant des grappes de raisin – il consulte aussi l'Apocalypse de Moïse, Tertullien *(Adversus Marcionem)*, le *Symposium* de Methode, la Genèse d'Origène et quelques papiers perdus d'Épiphane. Matthieu, Hyppolite et Commodien parlent de palmier, d'autres à nouveau de caroube puisque son nom signifie *destruction*.

Pomme, raisin, blé, noix, caroube même – ou figue ? (du raisin, les exégètes retiennent l'ivresse infligée à Noé, puisque seul le fruit du mal et du bien provoque les nausées adamiques et la saoulographie d'après le Déluge ; la culpabilité de la pomme s'appuie de façon austère sur un simple jeu de mot, peut-être sur une coquille et sur une tradition, résignée par anticipation).

[figuier de Barbarie]
D'après le Zohar, l'arbre de la connaissance est celui dont Adam et Ève utilisent ensuite les feuilles pour dissimuler leur nudité (c'est-à-dire le figuier : mais sa feuille à cinq doigts peut être sans doute comprise comme une métaphore de la

main : posée sur le sexe, forme de la première pudeur ou de la plus rustique des luxures). Selon ce postulat, le jardinier adventice, initié aux mystères, druide autodidacte pour qui tout arbre est un mât de cocagne ou un signe livré à son appétit d'interprétation, se laisse aller à conclure que le fruit mordu était l'une de ces figues immangeables dont certains arbres se couvrent en hiver, un réceptacle stérile servant uniquement de refuge à un certain papillon – il y accomplit sa besogne, son existence, profite de ce fruit vide pour y pondre sa descendance, ou mener à bout ses amours désarticulées.

Au nom de cette hypothèse, le jardinier suppose que l'expression ver dans le fruit peut être entendue au sens d'insecte dans la figue : il expliquera (j'expliquerai) à la dame-d'onze-heures, sans se soucier de son incrédulité, que le fruit de la connaissance, célébré tous les dimanches que Dieu veut, aujourd'hui devenu, sous les espèces de la pomme d'api, quand ce n'est pas de la golden, otage des réclames ou gage des pédagogues, des directeurs de conscience, ne serait peut-être qu'un leurre de plus, une évidence laissée en pâture aux tièdes ou aux convaincus, crédules et incrédules de toutes obédiences – l'habit donné aux vrais secrets. La figue comme enveloppe rondelette, charnue et peut-être savoureuse, renfermerait une vérité plus âpre, sous la forme d'un insecte, désagréable au goût comme à la vue et au toucher, pour signifier le plus simplement du monde que la connaissance n'est pas de la famille de l'abricot ou du raisin, mais plutôt de celle du scorpion et de la punaise, de ce qui démange ou empeste – pour suggérer que désir et découvrement peuvent se conjuguer plus justement sous l'aspect d'une puce, d'une teigne, d'un grand capricorne et d'un papillon demi-deuil que sous celui d'une pomme reinette. Pour le jardinier, aux yeux de qui pourtant tout se résume à de la fibre végétale, il semble plus juste d'avoir en travers la gorge une queue de scorpion et son venin, ou une moitié d'abeille, ou l'aile frémissante d'un blastophage qui refuse de se faire avaler tout rond. Mais de cela le Zohar ne dit rien, semble ne rien vouloir savoir des fausses figues dont l'arbre se couvre afin que l'ordre des invertébrés perdure.

[scorpion]

(Homélie) : un fruit suppose une connaissance charnue, douceâtre, sirupeuse à force d'être mûre, peut-être même tombée au pied de l'arbre (la preuve de ces défaites qui font le cycle des vies), une connaissance placide, passive et molle, rachetée par son noyau peut-être, seule promesse d'hermétisme (que font les gnostiques d'un noyau dur comme les reliques des futures châsses, ou le nucléus d'un silex ?) ; un fruit suppose une connaissance périssable et gastronomique, assimilée au fil de l'intestin, comme si la curiosité scientifique ou morale, trop humaine, tenait de la gourmandise et de la digestion. Une connaissance conférée par un insecte est, elle, instable, volage, âpre et coriace ; elle dispose la carapace au-dehors et les chairs tendres à l'intérieur et les petits prophètes avides d'allégories ou les prétendants au trône messianique bénéficient à cette occasion d'un symbole plus adéquat, car il s'agit d'entamer l'immangeable avant d'atteindre le comestible, une chair à peine perceptible ; l'insecte enfin suppose connaissance stridulante et probablement venimeuse, agressive (grâce à son dard et au poison qu'il contient, l'insecte peut se passer de serpent) ; il suppose une connaissance instable, soumise à des métamorphoses souterraines, inférieures, obscures et le plus souvent illogiques faisant passer l'animal du stade de larve à celui d'adulte.

[perce-feuilles]

Faire ses adieux aux archives, aux cadastres : ma dernière réplique tiendrait en une syllabe – le temps de ranger mes affaires et d'effectuer le tri, en honnête homme, entre ce qui m'appartient (quelques bricoles) et ce qui est la propriété de l'État (d'autres bricoles, parfois les mêmes). Après m'avoir relégué dans ce bureau sans issue, semblable à une remise (ou, curieusement, un faux-plafond), après m'avoir promu vestige, les services comptabilité ou les bureaux du petit personnel ont su dans les délais m'envoyer un panaché de factures et de testament – feuilles de paye et faire-part – suivi d'une lettre brève me faisant valoir mes droits à la retraite. Au portemanteau, dernier collègue, j'ai tiré une révérence ; glissé dans un tiroir, à l'intention de mon infortuné successeur, une règle plate (sur un bord pouces, sur un bord centimètres), une perforeuse, une feuille d'érable – il prendra l'ironie pour mon côté fleur bleue. Roulés, tout de même, quelques plans devenus miens et glissés sous le manteau ; saupoudrés sur les autres, corrigés à l'encre fraîche, le peu de sable qui me restait.

[sauve-vie]

J'ai vu la voisine, encore vêtue de noir aux deux tiers (une fleur blanche à hauteur du troisième bouton de sa parka), ramener l'une après l'autre la plupart des fleurs qu'elle avait cultivées sur la tombe du tanneur ; convaincue (je suis le grand tribun, capable de lever une armée ou de la faire se rasseoir), convaincue de la nécessité de s'occuper d'un jardin adventice dont les limites dépassent celles de sa simple concession.

Elle abandonne le cimetière : elle accepte d'espacer ses visites, n'emprunte les bus qu'une fois sur deux, puis une fois la semaine, renonçant de plus en plus souvent à attendre une correspondance qui ne vient pas, faisant demi-tour à mi-chemin à la manière d'une fillette tentée pour la première fois par l'école buissonnière.

Mes victoires : quand la tombe est enfin abandonnée aux ronces, aux fougères et aux arbres fruitiers (pas seulement une désolation de décombres, de calvaire, pas seulement le désespoir-des-peintres accroché aux murailles comme pour feindre la peur de tomber dans le vide, mais une surabondance de fruits, de pommes d'Avalon, de légumes, d'une brousse fauve et floue mal adaptée à l'austérité des environs : la solitude, la désolation d'une tombe dont on ne devine plus l'épitaphe, se mesure à l'exubérance de ce jardin sur le point de mourir – à la taille de ses potimarrons).

[qui-vivra-verra]

En plus de mes outils et de mes semences : à ma dame-d'onze-heures, je lègue quelques fleurs (dont je souhaiterais qu'elle perpétue l'espèce) ; dans des terrains vagues je verse des tombereaux de feuilles mortes et des racines sauvages qui, à demi-mortes, s'adapteront une fois de plus à des sols ingrats; au jardin des plantes, dans les serres exotiques, je replace des pots de fleurs tirés de mon imperméable, des essences chapardées quelques années auparavant : malgré ce grand débarras, il reste chez moi toute une forêt vierge, en attente, un enfer vert – fraisiers, fumeterre, nymphéas dans la baignoire, primevères et queue-de-rat – pour faire place nette, si je désire effacer à nouveau, de chez moi, toute trace végétale (revenir à cet appartement de polyester et de polystyrène, de plastique, de formica et de fer blanc, de céramique ébréchée, de vitres sans défauts, d'acrylique et de plâtre, revenir à cette neutralité, cette absence de verdure qui passera selon les avis pour un clin d'œil, l'aveu d'un échec ou le signe d'une générosité allant jusqu'au dépouillement), il me reste la possibilité de compter sur le temps et sur l'inépuisable capacité d'assimilation d'un ventre.

Pour en terminer, pour me débarrasser de tout ce qui est verdure, comme si je prenais en grippe la couleur épinard, je m'arme de ciseaux, je décapite mes plantes, j'en fais sécher les feuilles que je bois ensuite en tisane, ou j'en fais des salades qu'adoucissent des œufs durs, je les mange en pâté, en tourte, en marinade, je me fais végétarien, herbivore au point d'en payer le prix par des diarrhées interminables, peut-être même méditatives ; j'aspire à la sainteté en faisant de ma retraite un épilogue gastronomique, une série de petits plats, semés d'herbes de plus en plus fines, coupées en quatre comme les cheveux des casuistes.

[faux-sésame]
Je n'abandonne rien, je ne baisse pas les bras, je ne trans-

forme pas mes sécateurs en coupe-ongles : j'approuve à ce point l'idée de pondération dans l'offensive, et de mesure dans le sabotage, que j'en viens à considérer chaque jour férié comme une veillée d'arme. Et je sais que les bulbes offerts à ma dame-d'onze-heures, ma dame-de-loin, ne le seront pas en vain.

[oxalide alléluia]

Quand tu auras achevé la lecture du livre, tu y attacheras une pierre, tu le jetteras dans l'Euphrate, et tu diras : ainsi Babylone sera engloutie.

Je referme le Livre sur ses premiers versets : le dieu des Hébreux, l'Éternel imprononçable des cabalistes, renvoie les événements à leur condition d'hypothèse et, en abolissant comme il peut ce monde-là, et toutes ses créatures, donne sa chance au néant.

[patience]

Adventice, rudéral, le jardinier des derniers jours s'acquitte depuis peu d'une tâche minutieuse, et définitive, faite de siestes, de grasses matinées, d'échéances reportées au lendemain : car dès lors qu'il confond dans une même attitude d'affût souveraineté immobile et défaite prostrée (sa retraite bien méritée : au motif que désormais l'apocalypse est l'ordinaire cours des choses), tout l'invite à patienter jusqu'au jour suivant, puis aux jours d'après, en attendant qu'un signe, un rien, le tire de sa somnolence – il peut trouver le sommeil sans renoncer à ses projets.

RÉALISATION : PAO ÉDITIONS DU SEUIL
IMPRESSION : NORMANDIE ROTO-IMPRESSION S.A. À LONRAI (ORNE)
DÉPÔT LÉGAL : JANVIER 2002. N° 107 (01-2851)